Rudolf Kilian
Isaaks Opferung

Stuttgarter Bibelstudien 44

herausgegeben
von Herbert Haag, Rudolf Kilian und Wilhelm Pesch

Rudolf Kilian

Isaaks Opferung

Zur Überlieferungsgeschichte von Gen 22

VERLAG KATHOLISCHES BIBELWERK STUTTGART

ISBN 3 460 03441 6

Lektorat: Kurt Speidel
Umschlag: Hans Burkardt
Gesamtherstellung: Georg Riederer, Stuttgart

VORWORT

Die hier vorgelegte Studie unternimmt den Versuch, an einem konkreten Beispiel in die Problematik der biblischen Erzväterüberlieferungen einzuführen. Zwar wird die Historizität von Abraham, Isaak und Jakob in keiner Weise bestritten, doch besagt deren historische Existenz nicht eo ipso schon, daß alles, was von ihnen in der Genesis berichtet wird, einst auch tatsächlich so geschehen, ihnen selbst widerfahren ist. Gar mancher Überlieferungsstoff ist diesen Gestalten erst in der Auseinandersetzung Israels mit vorgefundenen außerisraelitischen Traditionen zugewachsen.
Wenn die einzelnen methodischen Schritte mitunter etwas breit entfaltet und begründet werden, so bitte ich die Fachkollegen um Nachsicht. Aber es war meine Absicht aufzuzeigen, wie man von der heutigen Textgestalt aus Schritt für Schritt zur ältesten Traditionsschicht zurückzufragen hat und wie nicht selten anstelle sicherer Ergebnisse nur solche mit einem gewissen Wahrscheinlichkeitsgrad erzielt werden können. Denn nach wie vor gilt das Urteil von M. Noth (Pentateuch 125) über die Erzählung von Gen 22: »Im übrigen ist an ihr so viel dunkel, daß sie überlieferungsgeschichtlich schlechterdings nicht mehr sicher analysiert werden kann.«
Die christliche Auslegungsgeschichte von Isaaks Opferung konnte unberücksichtigt bleiben, hierzu sei auf D. Lerch, Isaaks Opferung, verwiesen (vgl. dazu auch die Literaturangaben bei K. Lehmann, Auferweckt am dritten Tag 267f Anm. 693). Wie der Text von Gen 22, der auf eine nichtisraelitische Kultätiologie zurückgeht, durch den Eholisten jedoch eine bedeutsame Neuinterpretation erfahren hat, heute noch verkündigt werden kann, habe ich anderenorts darzulegen versucht (R. Kilian, Gen 22,1-18; vgl. dazu auch D. Arenhoevel, Gen 22,1-2.9a.10-13.15-18).
Drucktechnische Schwierigkeiten führten leider zu gewissen Inkonsequenzen bei der Transkription hebräischer Texte.

Paderborn, den 21. März 1970 — Rudolf Kilian

INHALT

I. BIBLISCHE PATRIARCHENTRADITIONEN AUSSERISRAELITISCHER HERKUNFT

Hatte man früher die Historizität der Patriarchen bestritten, sie als Astralgottheiten, als alte kanaanäische Götter, als legendäre Gründer kanaanäischer Heiligtümer, als Märchengestalten oder als Figuren der Volkssage gedeutet, so hat sich gerade in den letzten Jahrzehnten ein Wandel in der Beurteilung der Patriarchen vollzogen. Man ist sich heute weithin einig, daß es sich bei den Patriarchen in der Tat um historische Einzelgestalten handelt, auch wenn es völlig unmöglich ist, eine Patriarchenbiographie zu schreiben. Im Rahmen dieser Studie kann jedoch auf die Erörterung der Frage nach der Historizität von Abraham, Isaak und Jakob verzichtet werden, da sich R. de Vaux in Heft 3 dieser Reihe schon eingehend mit dieser Problematik befaßt hat.[1] Lediglich in der Frage der Datierung der Patriarchen müssen R. de Vaux gegenüber gewisse Bedenken angemeldet werden. Er hält das 19./18. Jahrhundert v. Chr. für jene Periode des zweiten Jahrtausends, die den geeignetsten Rahmen für die Väter, wie sie im Alten Testament geschildert sind, abgibt.[2] Nun können jedoch die Wanderzüge der Patriarchensippen nicht nur mit der sog. protoaramäischen Wanderbewegung (19./18. Jahrhundert v. Chr.) in Verbindung gebracht werden, sondern ebenso auch mit der sog. aramäischen Wanderbewegung im 14./13. Jahrhundert v. Chr. Ist zudem damit zu rechnen, daß sich der Aufenthalt einiger israelitischer Sippen in Ägypten nicht über rund 400 Jahre, sondern nur über etliche Jahre und Jahrzehnte erstreckt hat, dann spricht die höhere Wahrscheinlichkeit für die Spätdatierung der Patriarchen. Sie wären dann mit ihren Sippen im Rahmen der aramäischen Wanderbewegung weidewechselnd in Kanaan eingedrungen und wären jenen Gruppen zuzuweisen, die in der ersten Phase der Landnahme der israelitischen Stämme nach und nach in Kanaan seßhaft geworden sind. Auch nach H. Bardtke kommt für das

---

[1] De Vaux, Patriarchenerzählungen. Siehe dazu auch de Vaux, Die hebräischen Patriarchen. Zur forschungsgeschichtlichen Entwicklung sei verwiesen auf Weidmann, Die Patriarchen und ihre Religion. Dort ist auch jeweils die weiterführende Literatur angegeben.

[2] So de Vaux, Patriarchenerzählungen 36. Für die Frühdatierung der Patriarchen — Mittelbronzezeit (ca. 2000-1550 v. Chr.) — spricht sich auch Bardtke, Bibel, Spaten und Geschichte 161, aus.

Zeitalter der Patriarchen auf Grund der archäologischen Indizien noch der Beginn der Spätbronzezeit (ca. 1550—1200) als wirkliche Möglichkeit in Frage; »allerdings würde dann der Abstand zwischen den Erzvätern, dem Aufenthalt in Ägypten und der Auswanderung von dort zu gering werden«[3]. Wenn nun aber gerade damit zu rechnen ist, daß sich etliche Sippen des späteren Israel nur eine verhältnismäßig kurze Zeit in Ägypten aufgehalten haben, und wenn ferner die genealogische Verbindung der Vätersippen mit den Sippen, die einst in Ägypten weilten, als eine sekundäre zu bestimmen ist, dann spricht überhaupt nichts mehr gegen die hier vorgeschlagene Spätdatierung.[4] Da die Frage nach dem Alter der Patriarchen jedoch nicht von entscheidender Bedeutung für die Ausführungen dieser Studie ist, kann sie in diesem Zusammenhang auf sich beruhen bleiben, und so muß die These der Spätdatierung hier nicht näherhin begründet werden.

Darf es heute auch als absolut sicher gelten, daß sich in den Patriarchenerzählungen der Genesis sehr alte Traditionselemente aus der vorstaatlichen Zeit Israels finden — von späterem Zuwachs, von Erweiterungen und redaktionellen Überarbeitungen sei einmal abgesehen, auch wenn sie theologisch oft sehr bedeutsam sind —, so ist damit noch nicht gesagt, daß alles, was von den Patriarchen erzählt wird, auf genuin israelitische Traditionen zurückzuführen ist. Es gibt in der Tat Überlieferungen, die nicht in Israel entstanden sind, die die israelitischen Stämme vielmehr bei ihrer Landnahme schon vorgefunden und in der Auseinandersetzung mit der angetroffenen Kultur sich angeeignet haben. Sind wir heute auch nicht mehr in der Lage, diesen Aneignungsprozeß, in dem sich bestimmte israelitische Sippen oder Stämme eine Tradition nichtisraelitischer Provenienz zu eigen gemacht und sie so dann in Gesamtisrael eingebracht haben, im einzelnen genau aufzuzeigen, so läßt sich doch wenigstens bei einigen Erzählungen die außerisraelitische Herkunft wahrscheinlich machen, ja sogar als sicher erweisen. Das soll im folgenden an zwei Beispielen verdeutlicht werden.

---

[3] Bardtke, Bibel, Spaten und Geschichte 161.

[4] Zur Frage der Dauer und Art des Aufenthaltes Israels in Ägypten und zu den Konsequenzen, die sich daraus für die Datierung der Patriarchen ergeben, siehe jetzt Herrmann, Israels Aufenthalt in Ägypten. Zur Frage der Landnahme siehe Weippert, Landnahme. In beiden Werken ist die jeweilige Speziallitertatur angegeben.

1. Zur Überlieferungsgeschichte von Gen 32,23-33

Das erste Beispiel ist die bekannte Jakobserzählung Gen 32,23-33 (J)[5]:

»(23) Und er stand in jener Nacht auf, nahm seine beiden Frauen, seine beiden Mägde und seine elf Kinder und überschritt die Furt des Jabbok. (24) Er nahm sie, brachte sie über den Fluß und brachte auch alles, was er besaß, hinüber. (25) Jakob blieb allein zurück. Da rang ein Mann mit ihm, bis die Morgenröte heraufzog. (26a) Als er sah, daß er ihn nicht übermochte, da schlug er ihn auf seine Hüftpfanne. (26b) Da verrenkte sich die Hüftpfanne Jakobs, während er mit ihm rang. (27) Da sprach er: Laß mich los, denn die Morgenröte ist schon heraufgekommen. Er aber sagte: Ich lasse dich nicht los, es sei denn, du segnest mich. (28) Da sagte er zu ihm: Wie ist dein Name? Und er sagte: Jakob! (29) Da sprach er: Dein Name soll ferner nicht mehr Jakob sein, sondern Israel, denn mit Gott und mit Menschen hast du gestritten, und du hast obsiegt. (30) Da fragte Jakob und sagte: Tu mir doch deinen Namen kund! Da sprach er: Warum fragst du denn nach meinem Namen? Und er segnete ihn dort. (31) Und Jakob nannte den Ort Peniel (= Angesicht Gottes), denn ich habe Gott von Angesicht zu Angesicht gesehen und (doch) ward mein Leben gerettet. (32) Die Sonne ging ihm auf, als er an Penuel vorüberging, er hinkte an seiner Hüfte. (33) Deshalb essen die Söhne Israels den Hüftnerv nicht, der auf der Hüftpfanne ist, bis auf den heutigen Tag, denn er hat die Hüftpfanne Jakobs geschlagen, auf den Hüftnerv.«

Sieht man sich diese Erzählung etwas genauer an, dann entdeckt man einige Ungereimtheiten, die zu denken geben. Paßt V. 26b — »Da verrenkte sich die Hüftpfanne Jakobs« — wirklich in den Kontext? Nach der Aussage dieses Halbverses ist Jakob der entscheidend Getroffene. Aber in V. 27 bittet nicht der so unterlegene Jakob um das Ende des Kampfes, sondern sein Gegner. V. 27 scheint doch vorauszusetzen, daß der Unbekannte entscheidend getroffen wurde und nun um seine Freilassung bittet; wäre er Sieger, müßte er nicht darum bitten. V. 26a widerspricht V. 27 nicht, weil aus V. 26a nicht hervorgeht, wer wen geschlagen hat. Auf

---

5 Mit Elliger, Jakobskampf 143-148, ist der Einquellentheorie der Vorzug zu geben. Der erneute Versuch von Seebass, Der Erzvater Israel 17-20, für dieses Stück zwei Quellen, J und E, aufzuweisen, kann nicht überzeugen.

Grund von V. 27 und dem, was ihm folgt, muß man annehmen, der Unbekannte sei getroffen worden. Wenn dem aber so ist, dann kann V. 26b nicht ursprünglich sein.
Zum anderen ist zu fragen, was soll die Bitte des Unbekannten: »Laß mich los, denn die Morgenröte ist schon heraufgekommen« (V. 27)? Sie läßt doch darauf schließen, daß der Unbekannte das Tageslicht zu fürchten hat, offenbar weil seine Kraft auch auf Grund des Lichtes zu schwinden beginnt. Aber was soll nun diese Rede im Mund von Israels Gott, dessen Geschöpf die Sonne ist? Er muß doch das Sonnenlicht nicht fürchten. Ja, hat er es überhaupt nötig, einen Menschen um etwas zu bitten, gar um seine Freilassung zu bitten? Diese Unmöglichkeit im Munde Jahwes läßt darauf schließen, daß es sich bei dem unbekannten Angreifer ursprünglich eben nicht um Jahwe gehandelt haben kann. Zudem, wer könnte Jahwe entscheidend schlagen, ihn außer Gefecht setzen? Die Aussage, daß Jahwe sich auf einen regelrechten Kampf mit einem Menschen einläßt und dabei sogar unterliegt, läßt sich einfach nicht in jahwistisch-israelitisches Denken einordnen.
Man hat deshalb schon seit langem angenommen, daß dieser Tradition eine vor- und außerisraelitische Sage zugrundeliegt, die man sich ungefähr so vorstellen darf: »Als einmal in uralter Zeit ein Wanderer bei Nacht die Jabbokfurt bei Penuel überschritt, wurde er von ›einem (geheimnisvollen) Mann‹ angefallen. Aus der Erkenntnis, daß er der Kraft seines Angreifers nicht gewachsen war, griff der Wanderer zu einem Ringerkniff (Gunkel) und setzte ihn durch einen Schlag auf die Hüftpfanne außer Gefecht. Darauf verlegte sich der wehrlos gewordene ›Mann‹ aufs Bitten: ›Laß mich los, denn die Morgenröte ist heraufgezogen‹. An dieser Bitte erkannte der Held der Sage, daß er es mit einem übernatürlichen Wesen zu tun hatte — es gebärdete sich ›wie ein Nachtgespenst‹. Er beschloß aber diese einmalige Situation auszunutzen und knüpfte an die Freigabe des Bezwungenen die Bedingung, dieser solle ihn zuvor segnen. Man kann schwanken, ob die folgende Ortsetymologie bereits zum ursprünglichen Bestand dieser Erzählung gehörte oder nicht. Sie schließt sich ihr jedenfalls gut an.«[6]
Infolge der Ansiedlung von Jakobssippen im Gebiet von Penuel muß nach und nach die Überlieferungsgestalt Jakobs in diese Tradition Eingang gefunden haben und der Fluß- oder Nachtdämon

---

[6] Kaiser, Mythische Bedeutung 95f.

zu Penuel mit dem Gott Jakobs identifiziert worden sein. Dabei mögen auch neue Motive der alten Tradition zugewachsen sein, so z. B. die Umbenennung von Jakob in Israel. War die ursprünglich nichtisraelitische Lokaltradition von Penuel zu einer Jakobtradition geworden, dann konnte sie auch als Jakobtradition in Gesamtisrael eingebracht und Teil der israelitischen Vätertraditionen werden. Der Jahwist, der dann diese Erzählung in sein Werk aufgenommen hat, dürfte an ihr nicht mehr viel geändert haben. Doch erhielt sie durch die Einordnung gerade an dieser Stelle des jahwistischen Geschichtswerkes und durch das vom Jahwisten selbst geschaffene und Jakob in den Mund gelegte Gebet, Gen 32,10-13, eine neue Akzentuierung, in deren Licht u. a. Jakob nicht mehr sieghafter Held über eine Gottheit, sondern unterlegener Sünder ist. Jakob ist zu klein für das göttliche Wohlwollen, er ist ein schwacher, schuldiger Mensch. Doch klammert er sich an die Verheißung, die ihm zuteil geworden ist, er klammert sich an den göttlichen Geschichtsplan, von dem der Jahwist weiß, daß Gott ihn trotz der Kleinheit Jakobs zu Ende führen wird. So zerschmettert Gott »den hoffnungslos Unterlegenen nicht, sondern realisiert die in dem neuen Namen Israel ja auch liegende Verheißung *(wtwkl!)* an Ort und Stelle und gibt ihm seinen Segen. Das bedeutet im großen Zusammenhang, daß er den erschlichenen Segen Isaaks legitimiert und die Verheißung von Bethel bestätigt, damit auch der Gebetsbitte Erhörung zusagt. Und das alles nicht, weil Jakob es nun endlich verdient hat — was er verdient (auch nach dem Gebet!), lehrt ihn die Tatsache des Überfalls mit erschreckender Deutlichkeit —, sondern weil Gott seinen Plan ausführen will und deshalb Gnade vor Recht ergehen läßt. . . . Beim Jahwisten muß Jakob erkennen, daß der Überfall die Antwort Gottes auf sein Gebet und daß seine Todverfallenheit von einem langen Leben her sittlich begründet ist, daß aber das Wesen Gottes nicht in der Gerechtigkeit Gottes aufgeht, sondern unbegreiflich Gnade ist und letztlich schlechthin irrational bleibt.«[7]

Das Beispiel des Jakobkampfes zeigt, wie das im Kulturland sich konstituierende Israel — aus welchen Gründen auch immer —

[7] Elliger, Jakobskampf 168. Zu Einzelheiten der hier vorgelegten Deutung des Kampfes Jakobs am Jabbok sei verwiesen auf Kaiser, Mythische Bedeutung 95-99, und vor allem auf die umfassende Behandlung der anstehenden Fragen durch Elliger, Jakobskampf 141-173.

sich mit vorgegebenen Lokaltraditionen auseinandergesetzt und sich diese angeeignet hat. Zugleich mag deutlich geworden sein — zumal wenn man die Funktion dieser Erzählung im jahwistischen Geschichtswerk bedenkt —, wie Israel nach und nach neuen Wein in einen alten Schlauch eingefüllt hat. — Um den Israelitisierungsprozeß vorgefundener Traditionen noch an einem anderen Beispiel zu verdeutlichen, soll noch auf den Traditionskomplex Gen 18f eingegangen werden.

2. Zur Überlieferungsgeschichte von Gen 18f

Auszugehen ist hier zunächst von der ältesten Schicht in Gen 18.[8] Nach ihr sitzt Abraham während der Mittagshitze unter dem (heiligen) Baum zu Mamre/Hebron. Da sieht er drei Männer, begrüßt sie, lädt sie ein und bewirtet sie unter dem Baum. Nach dem Mahl brechen sie auf. Abraham geleitet sie. Unterwegs halten sie an und blicken auf Sodom hinab. Dabei lassen sie ihn wissen, daß Klage über Sodom zu ihnen gedrungen ist und sie nun hingehen wollen, um zu sehen, wie es wirklich um Sodom bestellt ist. Daraufhin trennen sie sich von Abraham und gehen nach Sodom.

H. Gunkel vermutet nun, wie vor und nach ihm die meisten, daß die Erzählung vom Besuch der Männer bei Abraham in Hebron eine ehemals selbständige Sage war, die ursprünglich auch eine notwendige Fortsetzung hatte, die erzählte, »wie sich die Verheißung erfüllte: wie Sara einen Sohn gebar, und wie sie ihn Isaaq nannte, in Erinnerung daran, daß sie ›gelacht‹ hatte ...; sodann, wie die Männer im folgenden Jahr wiederkamen; ferner wie Abraham nunmehr die Gottheit erkannte: an dieser Stelle also muß deutlich gesagt worden sein, wer die drei ›Männer‹ in Wirklichkeit gewesen sind; schließlich auch vielleicht, wie er nun-

[8] Ihr gehören an die Verse 1b* (in der möglichen Urform: »Abraham saß in der Mittagshitze unter dem Baum«). 2* (ohne: »vom Eingang des Zeltes aus«). 3* (in der Gestalt: »Und er sprach: Meine Herren, geht doch nicht an eurem Knecht vorüber«). 4.5.7.8.9.aα.16.20f (aber als Rede der drei Männer). 22a. Zur Begründung dieser Analyse siehe Kilian, Abrahamsüberlieferungen 96-111. Der vollständige Text dieser Schicht findet sich aaO. 167-170. Zum Folgenden sei ganz allgemein verwiesen auf Kilian, Abrahamsüberlieferungen 96-189. Was in dieser Studie hier nur kurz und thesenhaft zusammengefaßt ist, wird dort ausführlich verhandelt und begründet.

mehr dieser Gottheit unter dem Baum den Altar errichtete.«[9] Diese so rekonstruierte Sage — man bedenke, was alles zu ergänzen ist! — ist »im Grunde dieselbe Sage« wie die vom böotischen Greis Hyrieus. Und er schreibt weiter: »Man wird also auf eine alte orientalische Erzählung schließen müssen, die uns in hebräischen und griechischen Absenkern erhalten ist.«[10] Dieser Ansicht hat sich dann auch E. Gillischewsky angeschlossen: »Dieser Mythenstoff ist — aus welchem Anlaß, mag hier unberücksichtigt bleiben — auf Abraham übertragen und zugleich jahwistisch umgestaltet worden.«[11] So verbreitet diese Ansicht nun auch sein mag, für Gen 18 trifft sie trotzdem nicht zu. Dieser Tradition liegt eine andere Überlieferung zugrunde.

Vergleicht man nämlich Gen 18,1-8 mit Gen 19,1-3, dann finden sich in beiden Texten sehr viele Entsprechungen sowohl terminologischer als auch sachlicher Art,[12] die nicht einfach auf die thematische Gemeinsamkeit der Gastfreundschaftserzählung zurückgeführt werden können. Freilich treten auch Unterschiede zutage. So wird zwar in Gen 18 und 19 jeweils eine Tageszeit angegeben — das allein darf jedoch auch schon wieder als eine gute Entsprechung angesehen werden, in Ri 6,11-24 findet sich z. B. keine solche Angabe —, aber bei Abraham ist es Mittag, bei Lot Abend. Der Abend in Gen 19,1 ist in der Sage fest verankert, da anschließend vom Schlafen die Rede ist, die Rettung im Morgengrauen und das Gericht beim Aufgang der Sonne vor sich gehen, während der Besuch bei Abraham auch zu jeder anderen Tageszeit stattfinden könnte. Daß die drei Männer gerade mittags zu Abraham kommen, findet jedoch eine sinnvolle Erklärung aus der im folgenden gegebenen Verhältnisbestimmung der beiden Traditionen. Andere Unterschiede — wie etwa das Sitzen Abrahams unter dem Baum, das Sitzen Lots im Tore; die Einladung der Gäste, unter dem Baum auszuruhen (so bei Abraham), im Hause Lots zu übernachten; das je verschiedene Mahl — erklären sich

---

[9] Gunkel, Genesis 199.

[10] Gunkel, Genesis 200. Ähnlich auch von Rad, Genesis 174. Desgleichen verweist auch Baumgartner, Sagenbeziehungen 155, auf die Sage von Hyrieus. Weiteres verwandtes Sagenmaterial findet sich bei Gunkel, aaO. 193ff.

[11] Gillischewsky, Literarkritik 77.

[12] Der genaue Vergleich ist durchgeführt bei Kilian, Abrahamsüberlieferungen 150ff.

einfach auf Grund des je verschiedenen Ortes und der je verschiedenen Situation. Abraham ist Nomade oder Halbnomade, der bei seinem Vieh weilt (18,7), Lot dagegen ist Stadtbewohner.[13]
Besonders bedeutsam ist, daß in beiden Traditionen jeweils drei göttliche Personen zu Besuch kommen. — Zwar sind es in Gen 19,1 heute nur noch zwei, aber das ist auf eine spätere Bearbeitung zurückzuführen. Denn der Jahwist hat in Gen 18 die drei Männer in Jahwe und zwei Boten aufgegliedert und nur noch die Boten nach Sodom gehen lassen (18,22). Dadurch hat er schon die bloße Möglichkeit ausgeschlossen, die Sodomiten hätten sich auch an Jahwe selbst vergehen wollen oder gar können.[14] — Diese Übereinstimmung ist im Alten Testament etwas völlig Singuläres und weist gerade deshalb auf eine Verwandschaft der beiden Traditionen hin.
Nun muß die Sodomerzählung von Gen 19 als eine sehr alte außer- und vorisraelitische Tradition bestimmt werden, die an den Randgebieten des Toten Meeres entstanden ist und dort — wohl auf beiden Seiten — tradiert wurde.[15] Die älteste Schicht von Gen 18,1-8 dagegen ist zwar noch nicht jahwistisch, aber doch israelitisch, da es sich um eine Abrahamserzählung handelt. Als israelitische, offensichtlich in Mamre/Hebron lokalisierte Tradition kann sie aber nicht älter sein als Abraham und wohl auch nicht älter als die Landnahme der israelitischen Stämme in diesem Gebiet. Bei Gen 18 läßt nun allein schon die Verbindung der drei göttlichen Männer mit Abraham, die in der alttestamentlichen Theologie einmalig ist, vermuten, daß hier ein älteres, Israel fremdes Element mit Abraham verbunden bzw. Abraham sekundär in eine fremde Tradition eingeführt wurde.[16] Einen ursprünglichen Eindruck kann diese Verbindung auf keinen Fall machen. Eine von Gen 19,1-3 unabhängige Tradition als Grundlage von Gen 18,1-8 könnte dann angenommen werden, wenn Gen 18 und 19 nicht gar so nahe beieinander stünden, und zwar schon seit alters, und wenn die beiden Erzählungen sich sachlich nicht gar so

---

[13] Zur Gestalt Lots siehe Kilian, Überlieferungsgeschichte 23-37.

[14] Siehe dazu Kilian, Abrahamsüberlieferungen 112f.

[15] Zur Begründung dieser These und zur Differenzierung der verschiedenen ätiologischen Motive in Gen 19 siehe Kilian, Abrahamsüberlieferungen 132-146.

[16] Das ist auch ein wesentlicher Punkt in der Sagenrekonstruktion Gunkels.

sehr entsprechen würden. Muß aber auf Grund dieser Gegebenheiten eine der beiden Traditionen von der anderen abhängig sein, dann kann es nur so sein, daß die älteste Schicht in Gen 18,1-8 von der ältesten Schicht der Sodomtradition abhängig ist. Demnach ist 18,1-8 in seiner ältesten Gestalt eine Nacherzählung und Übertragung der älteren Sodom-Lot-Erzählung auf Abraham und dessen Lebensbereich.

Der Sinn und das Ziel einer solchen Übertragung kann nun aber nicht eine zu postulierende, heute nur noch in einer J-Fassung vorliegende Nachkommenverheißung an Abraham (18,9b-15) gewesen sein, denn dafür hatte Israel eigene und bessere Traditionen. Das Ziel der Übertragung kann nur gewesen sein, Abraham mit der zu dieser Zeit in Mamre/Hebron erzählten Sodomtradition in Verbindung zu bringen.

Die Verbindung der Sodomtradition mit Abraham und damit die Übertragung der Gastfreundschaft Lots auf Abraham ist wohl in der Weise erfolgt, daß die Gestalt Abrahams der in Mamre/Hebron wohnhaft gewordenen Abrahamssippe die alte Lokalsage von Sodoms Ende und Lots Errettung an sich gezogen hat, eben als Folge der Seßhaftwerdung der Sippe Abrahams in einem Gebiet, in dem Lokalsagen tradiert wurden. Dieses Einbringen der vorgefundenen Tradition in die Traditionen der Neuankömmlinge verlangte jedoch, daß Abraham in irgendeiner Weise mit in das Sodomgeschehen einbezogen wurde. Da nun aber Lot in Gen 19 schon fest verankert war und Abraham seiner bereits festgelegten Eigenart nach nicht selbst aktiv im Sodomgeschehen tätig sein konnte,[17] wurde die Verbindung Abrahams mit dem Sodomgeschehen in der Weise vorgenommen, daß man die drei Männer, bevor sie zu Lot gingen, bei Abraham in Mamre/Hebron einkehren ließ, dem sie mitteilten, warum sie nach Sodom hinabziehen. Zugleich wurde mit dem Besuch der Göttlichen bei Abraham die israelitische Nachkommenverheißung, die mit zu Abraham als Verheißungsempfänger gehört, verbunden. Für die Schilderung des Besuches bei Abraham konnte die Einkehr bei Lot herangezogen

---

[17] Wenn seine Gestalt hätte Lot verdrängen sollen, was offensichtlich ob der Bekanntheit Lots diesseits und jenseits des Toten Meeres gar nicht möglich war, dann hätte Abraham ja auch im Rausch mit seinen beiden — in Israel nicht bekannten — Töchtern Moab und Ammon zeugen müssen (Gen 19,30-38). Daran aber konnte Israel kein Interesse haben.

und verändert nacherzählt werden. Für die uns nicht mehr in der ursprünglichen Aussage und Fassung erhaltene Nachkommenverheißung konnte man ein genuin israelitisches Abrahamsmotiv aufgreifen und mehr oder weniger verändert einfügen. Können aber in dieser Weise die Elemente von 18,1-10 hinsichtlich ihrer Herkunft erklärt werden, dann verbietet es sich, darin eine andere originelle Sage zu vermuten, wie es zumeist geschieht.
Von diesem Verständnis von 18,1-10 aus erklärt sich dann auch die Mittagszeit in 18,1. Denn wenn der Besuch der drei Männer bei Abraham dem Lot-Sodom-Besuch vorgeschaltet wird, dann muß eine frühere Zeit angegeben werden als der Abend von 19,1, der feststeht und nicht verändert werden kann. Von der Funktion der Mittagszeit in 18,1 her erklärt sich dann auch, warum Abraham die Männer nur bitten kann, sich auszuruhen und sich zu stärken (18,4.5), um dann erst ihren Weg fortzusetzen (18,5), während Lot sie bittet, in seinem Haus zu nächtigen (19,2). Der oder die ersten Erzähler von Gen 18 wußten, daß die drei Männer gegen Abend in Sodom sein müssen, so dürfen sie bei Abraham gar nicht lange aufgehalten werden. Auch der Unterschied, daß Lots Einladung zunächst abgelehnt (19,2), die Abrahams jedoch sofort angenommen wird (18,5), erklärt sich sehr wohl aus der Übertragung des Motivs von Lot auf Abraham. Denn er ist in der israelitischen Tradition der besondere Freund Gottes, dem dieser auch seine Pläne kundtut (18,20f), ihm kann Gott bzw. können die drei Männer, die man eigens zu ihm gehen ließ, um sie mit Abraham in Verbindung zu bringen, die Einladung nicht abschlagen.
Wurden die drei Männer als Mittel benützt, um Abraham mit der von den Abrahamsleuten vorgefundenen Sodomtradition zu verknüpfen, dann findet auch das seltsame und befremdliche Zusammen von Abraham und den drei göttlichen Wesen eine annehmbare Erklärung. In der ältesten Schicht von Gen 18 liegt so nämlich der Akzent nicht auf den drei Männern, insofern sie göttliche Wesen sind, sondern insofern sie dieselben sind, die nachher nach Sodom kommen. Die Erzählung von Gen 18 will so den alten und neuen Hörern der Sodomtradition dartun, daß dieselben Männer des Lotbesuches es sind, die auch bei Abraham Einkehr halten.
In späterer Zeit, als die Einheit von Gen 18 und 19 bereits gefestigt war, konnte es dann der Jahwist unternehmen, sich theolo-

gisch mit den drei Männern auseinanderzusetzen. Er gab die ursprüngliche Einheit der drei auf und interpretierte sie als Jahwe und zwei Begleiter. So bewältigte er theologisch den Israel fremden Stoff und gliederte ihn voll und ganz dem israelitischen Glauben ein. Zugleich überarbeitete und erweiterte er die ihm vorgegebene Tradition um die spezielle Verheißung Isaaks (VV. 9b-15), der auch die Erwähnung des Zeltes in V. 6 zugehört, sowie um die Verse 23-33 und etliche kleinere Zusätze.

Muß man bei dem zuerst erwähnten Beispiel, Gen 32,23-33, annehmen, daß hier Jakob in eine vorgegebene fremde Tradition eingedrungen ist und den ursprünglichen ›Helden‹ verdrängt hat, so verhält es sich bei Gen 18f anders. Hier wurde zwar auch eine vorgegebene nichtisraelitische Tradition aufgenommen, nämlich die Sodom-Lot-Erzählungen, doch wurde der ›Hauptakteur‹ dieses Komplexes, Lot, nicht durch Abraham, also nicht durch eine genuin israelitische Traditionsgestalt verdrängt.[18] Das spätere Israel, insonderheit der Jahwist, hat die Traditionen von Gen 19 nur überarbeitet, theologisch ›in Ordnung gebracht‹ und hier und da etwas erweitert. Die eigentliche Einbringung des von den Einwanderern angetroffenen Stoffes geschah im Fall von Gen 18f dadurch, wie hinlänglich deutlich geworden sein dürfte, daß man die drei Männer vor ihrem Besuch bei Lot in Sodom zunächst bei Abraham in Mamre/Hebron Einkehr halten ließ. Hier hat somit die Aneignung eines fremden Stoffes zu einer ganz neuen, von allem Anfang an israelitischen Tradition geführt. Dazu bediente man sich zwar auch eines vorgegebenen fremden Motivs, nämlich der Gastfreundschaft Lots, doch zugleich auch des israelitischen Motivs der Verheißung von Nachkommenschaft.

Die beiden Beispiele Gen 18f und Gen 32,23-33 zeigen, daß Israel — bzw. zunächst Einzelsippen oder Einzelstämme des sich im Kulturland langsam konstituierenden Israel — sich mit vorgefundenen Traditionen auseinandergesetzt und solche auch aufgenommen und den eigenen Traditionen eingegliedert hat. Doch ist keineswegs damit zu rechnen, Israel habe sich alle angetroffenen Stoffe zu eigen gemacht, gewiß wurde hier eine Auswahl getroffen. Zugleich mag aber auch deutlich geworden sein, daß

---

[18] Zum Nachweis, daß Lot keine genuin israelitische Gestalt ist, sondern auch erst eine später von Israel vereinnahmte, siehe Kilian, Überlieferungsgeschichte 23-37.

sich der Aneignungsprozeß nichtisraelitischer Traditionen auf sehr verschiedene Weise vollziehen konnte und tatsächlich auch vollzogen hat.

Wenn dieses Kapitel ›Biblische Patriarchentraditionen außerisraelitischer Herkunft‹ der überlieferungsgeschichtlichen Untersuchung von Gen 22 vorangestellt wurde, so sollte damit noch kein Präjudiz über die Herkunft dieser Tradition gefällt werden. Wie es sich in Gen 22 verhält, wird ja erst noch zu untersuchen sein. Es sollte nur aufgezeigt werden, daß es im Alten Testament tatsächlich Erzväterüberlieferungen gibt, die nichtisraelitischer Provenienz sind.

II. GENESIS 22

1. Die Quellenzugehörigkeit von Gen 22

Die Erzählung von der Opferung Isaaks wird im allgemeinen der elohistischen Pentateuchschicht zugewiesen.[1] Doch ist andererseits auch zu beachten, daß nicht selten der Versuch gemacht wird, den Kern von Gen 22 als jahwistisch auszuweisen, der später nur elohistisch überarbeitet wurde. »Denn die Erzählung von der Opferung Isaaks Gen 22, die man meistens für elohistisch hält, ist sicher nur wie 15,1-6 elohistische Bearbeitung einer jahwistischen Grundlage. Man vergleiche die ganze so eigenartig lebendige und anschauliche Schilderung, auch V. 14. Schon Gunkel hat empfunden, daß die ursprüngliche Erzählung von dem jetzigen elohistischen Thema der Gottesfurchtsprüfung nichts gewußt hat.«[2] Nun stimmt es zwar, daß die Gottesfurchtsprüfung erst durch die elohistische Bearbeitung Eingang in die Erzählung gefunden hat, damit ist aber noch keineswegs erwiesen, daß die zu postulierende Vorlage mit all ihren von E abweichenden Eigenheiten eine ursprünglich jahwistische Tradition war. Denn üblicherweise pflegen die von E aufgegriffenen und bearbeiteten Erzählstoffe nicht der jahwistischen Pentateuchquelle zu entstammen.

Für die Zuordnung von Gen 22 zur elohistischen Quelle spricht zunächst einmal die Abfolge der Abrahamsüberlieferungen. In der elohistischen wie in der pentateuchischen Gesamtkonzeption scheint Gen 22 doch die organische Fortführung von Gen 21 zu sein. Dies nicht zuletzt auch ob der lokalen Bindung an Beersche-

[1] Vgl. u. a. Gunkel, Genesis 236; Procksch, Genesis 314; Noth, Pentateuch 125; von Rad, Genesis 203; Ruppert, Synoptische Übersicht 383; Fohrer-Sellin, Einleitung 167; Kaiser, Einleitung 83.

[2] Sellin-Rost, Einleitung (^{8}1950) 56. Dieser Passus fehlt zwar in der 9. Auflage dieser Einleitung (1959), doch rechnet Rost auch weiterhin mit einem J- und E-Anteil in Gen 22, vgl. Sellin-Rost, Einleitung (^{9}1959) 57.63. In der von Fohrer besorgten 10. (1965) und 11. (1969) Auflage dieser Einleitung wird jedoch Gen 22,1-19 ganz E zugeschrieben (aaO. 167). Auch Humbert, Genesis-Forschung 215f, weist im Anschluß an Volz-Rudolph, Elohist 45f, Gen 22 J und nicht E zu. Beachtenswert sind ferner die Ausführungen Eißfeldts in seiner Hexateuch-Synopse. Er weist zwar in der Textdarstellung Gen 22,1-19 E zu (aaO. 35f*), versteht das Kapitel in seinen Anmerkungen jedoch als Komposition aus J und E (aaO. 259f*); so auch in seiner Einleitung 265f.

ba, das in E der eigentliche Abrahamsort ist. In Beerscheba werden nach E Ismael und Isaak geboren, von Beerscheba aus wird Hagar in die Wüste Beerscheba verstoßen, in der sie umherirrt, bis Gott zu ihr redet. In Beerscheba schließen Abraham und Abimelech ihren Schwur- und Siebener-Vertrag (Gen 21). Zwar steht in Gen 22 nichts davon, daß Abraham von Beerscheba aus aufbricht, um Isaak an der ihm gebotenen Stätte zu opfern, doch wird expressis verbis berichtet, daß Abraham nach dem Geschehen von Gen 22 mit den Seinen nach Beerscheba zieht (V. 19). Gerade diese Angabe läßt sich dem jahwistischen Überlieferungsstrang nicht integrieren, paßt jedoch aufs beste in die elohistische Konzeption. Für E spricht ferner die Gottesbezeichnung *Elohim* (VV. 1.3.8.9.12) sowie das Rufen des Gottesboten »vom Himmel her« (V. 11). Schließlich zeigt sich auch in Gen 22 »das besondere Empfinden des E für die menschliche Seite seiner Gestalten« sowie das elohistische Bemühen, »die Väter als Vorbilder erscheinen zu lassen«[3].

Auf Grund dieser Gegebenheiten, die noch um etliche weniger stichhaltige Hinweise erweitert werden könnten, bestünde eigentlich keine Veranlassung, Gen 22 einem anderen als eben dem Elohisten zuzuschreiben, wenn sich in dieser Erzählung nicht auch der Gottesname *Jahwe* finden würde (VV. 11.14.15.16). Gerade dieses mehrmalige Vorkommen von *Jahwe* hat einige Gelehrte veranlaßt, dieses Kapitel J zuzuschreiben oder als eine Komposition aus J und E zu bestimmen. Dieses Vorgehen wäre zweifellos dann berechtigt, wenn in Gen 22 außer dem Gottesnamen *Jahwe* noch andere J-Eigentümlichkeiten terminologischer, stilistischer, theologischer oder kompositorischer Art aufweisbar wären oder gar wirkliche Dubletten vorlägen. Aber das ist nicht der Fall. Somit legt sich eine andere Erklärungsmöglichkeit für das Vorkommen von *Jahwe* in diesem Kapitel nahe, die nicht zuletzt durch ähnliche und wiederholt vorkommende Fälle im Pentateuch gestützt wird.
Es ist nämlich geradezu sicher auszumachen, daß die Verse 15-18 ein späterer Zusatz sind.[4] Da nun diese sekundäre Erweiterung nur den Gottesnamen *Jahwe* und nie *Elohim* birgt, da in V. 16 zudem der Terminus *n*^{e}*'um jhwh* belegt ist, der nie als *n*^{e}*'um*

---

[3] Weiser, Einleitung 107. Auf dieses paradigmatische Moment wird noch zurückzukommen sein.

[4] Die Argumente dafür werden unten II,2 angeführt.

ʾᵉlohîm vorkommt, erklärt sich auch das Vorkommen von *Jahwe* in den Versen 11 und 14. Es ist auf eine spätere Überarbeitung des älteren E-Textes zurückzuführen.[5] Denn wenn in den Versen 15-18 ein Redaktor ausgemacht werden kann, der selbst nur *Jahwe* verwendet, dann muß diesem auch der Jahwenamen in den Versen 11 und 14 zugeschrieben werden, wenn diese nicht aus anderen Gründen E abgesprochen werden können. Auf eine jahwistische Schicht könnten die Verse 11 und 14 — und vielleicht auch noch ein paar weitere Partien, die nicht eindeutig für E sprechen — nur dann vernünftigerweise zurückgeführt werden, wenn auch die Verse 15-18 dem Jahwisten zuzuweisen wären, das ist aber allein schon ob des prophetischen Terminus *nᵉʾum jhwh* nicht möglich.[6] Läßt sich mittels des Nachweises eines späteren Redaktors der *Jahwe*namen in den Versen 11 und 14 erklären, so läßt sich umgekehrt das Vorkommen des Namens *Elohim* in den Versen 1.3.8.9.12 nicht erklären, wenn 22,1-19 E abgesprochen wird, weil sich in dieser Erzählung kein nachelohistischer Redaktor nachweisen läßt, der *Elohim* verwendet hätte.
Schwierigkeiten könnten der oben vertretenen Redaktionshypothese höchstens durch das Vorkommen von *Jahwe* in V. 14 erstehen, weil »der dort zweimal genannte Jahwe-Name in so enger Verschlingung mit dem inhaltlich bedeutsamen verbalen Bestandteil des Wortspielmotivs« erscheint, »daß es schwerfällt, ihm darin einen ursprünglichen Platz abzusprechen. Selbst wenn man V. 14b als späteren Zusatz ausscheidet ..., bleibt das Motiv in V. a.«[7] Sicher ursprünglich wäre *Jahwe* in V. 14a, wenn uns der hier benannte Ort oder heilige Bezirk unter dem Namen *jhwh jirʾǟ* (= »Jahwe sieht«) bekannt wäre oder wenn berechtigterweise angenommen werden dürfte, es hätte einst einen Ort gegeben, der *»Jahwe sieht«* geheißen hätte. Nun ist uns aber eine solche Stätte

---

[5] Wer bei der Scheidung der Pentateuchquellen *nur* auf den im Masoratext belegten Gottesnamen aufbaut, ohne die entsprechenden Kontexte zu berücksichtigen und ohne wenigstens mit überarbeitenden Redaktoren zu rechnen, d. h. wer diese Möglichkeit gar nicht sieht oder nicht sehen will und auf der absoluten Unveränderlichkeit der Gottesnamen beharrt, indem er diese als absolutes Kriterium setzt, der beweist nur, wie wenig Erfahrung er mit Pentateuchtexten und mit Pentateuchproblemen hat.

[6] Auf andere Argumente, die gegen J sprechen, wird später noch zurückzukommen sein.

[7] Reventlow, Opfere deinen Sohn 22.

nicht bekannt, und es ist auch nirgendwo eine ursprüngliche Orts- oder Gottesbezeichnung *»Jahwe sieht«* belegt. Wohl aber ist eine El-Gottheit bezeugt, die in ihrem Namen die Wurzel *r'h* (= »sehen«) aufweist, nämlich der El Roi, der in der Gegend von Beerlachajroi verehrt wurde (Gen 16,13f), also in der Nachbarschaft von Beerscheba. Und in der Nachbarschaft von Beerscheba spielt ja auch Gen 22, zumindest nach der elohistischen Tradition.[8] Ob dieser El Roi des Südens ein Gott ist, der sieht oder der als Erscheinungsgott gesehen werden kann, ist nicht sicher auszumachen, wahrscheinlich eignen ihm beide Momente. H. Cazelles bestimmt den südpalästinensischen *'el ro'î* als einen »Vorsehungsgott, der sieht und der gesehen wird«[9]. Außerdem begegnet in »den Amarna-Briefen wie in ägyptischen Texten ... ein baal ro'î als kananäische Gottheit, die bis nach Ägypten hinein sich besonderer Verehrung erfreute«[10].

Ist nun sowohl ein El Roi als auch ein Baal Roi bezeugt, nirgendwo aber ein Jahwe Roi oder Jahwe *jir'āē*, dann besteht zumindest der Verdacht, daß *jhwh jir'āē* in Gen 22,14a nicht ursprünglich ist. Mit anderen Worten: es besteht der Verdacht, daß ein späterer Redaktor den einstigen Ortsnamen *»El sieht« ('el jir'āē)* in *»Jahwe sieht« (jhwh jir'āē)* abgeändert hat. Dies wäre nur dann unmöglich, wenn im späteren Israel oder gar noch in der Zeit unseres postulierten Redaktors der ursprüngliche Ort des Isaakopfers, nämlich *'el jir'āē,* noch als Ort und noch unter diesem Ortsnamen bekannt und geläufig gewesen wäre. Das ist aber nicht der Fall.

Wer die Eigenart der Patriarchenreligion kennt und weiß, welche Bedeutung der Hochgott El im kanaanäischen Raum einst gehabt hat und wie dieser El allmählich mit Jahwe identifiziert wurde, für den ist die Verdrängung eines ursprünglichen El durch Jahwe nicht verwunderlich. »Denn angesichts der am Tage liegenden Tatsache, daß die Verfasser der Genesis-Erzählungen immer den

---

[8] Es wird noch darauf zurückzukommen sein, ob die elohistische Lokalisierung glaubwürdig ist oder nicht. Siehe dazu unten IV,5.

[9] Cazelles, Gott der Patriarchen 44. Siehe zu dieser Frage auch Kilian, Abrahamsüberlieferungen 79-83. Zur Eigenart des Gottes von Beerlachajroi sei verwiesen auf Kaiser, Mythische Bedeutung 93ff, und Rost, Gottesverehrung 254f. Gressmann, Mose 290 (besonders Anm. 5), möchte u. U. sogar die Erzählung von der ehernen Schlange nicht nur als ätiologische Kultsage, sondern auch als Ortssage verstehen und mit Beerlachajroi und seinem Gott *'el ro'î* in Verbindung bringen.

[10] Eichrodt, Theologie I 114.

einzigen wahren Gott, also ihren Gott, meinen, ob sie ihn nun El oder Elohim oder Jahwe oder Mal'ak Jahwe oder Mal'ak Elohim nennen, ist nicht das erstaunlich, daß ursprüngliches El manchmal einem Jahwe oder einem Elohim, einem Mal'ak Jahwe oder Mal'ak Elohim hat Platz machen müssen, sondern das überrascht, daß El so oft stehen geblieben ist.«[11]

Daß Israel bestrebt war, El mit der Zeit durch Jahwe oder Elohim zu ersetzen, zeigt sich besonders deutlich in Gen 16,11: »Siehe, du bist schwanger und wirst einen Sohn gebären, und du sollst ihn Isma*el (jišmaʿēl)* nennen, denn *Jahwe* hat gehört *(šamăʿ jhwh)* dein Elend.« Ursprünglich hat es sicher geheißen: »denn *El* hat gehört dein Elend«. Das verlangt eindeutig der Name *jišmaʿēl.* Im allerseits bekannten Namen Ismael konnten die Späteren das El-Element nicht durch Jahwe ersetzen, wohl aber haben sie es in der sich anschließenden etymologischen Begründung dieser Namengebung getan.[12]

Für Gen 22,14 besagt das: Weil der Name *'el jir'āē* später den Israeliten nicht mehr bekannt war — dadurch unterscheidet sich dieser Name vom Personennamen Isma*el* und vom Kulturland-Ortsnamen Beth*el* —, konnte der *Jahwe*namen nicht nur in der sekundären Begründung (V. 14b) verwendet werden, sondern er konnte von dort aus auch in V. 14a selbst eindringen und hier *'el* verdrängen.[13] Für die Annahme, daß der ursprüngliche Gottesnamen in V. 14a einst weder ›Jahwe‹ noch ›Elohim‹, sondern ›El‹ gelautet hat, sprechen sich u. a. auch H. Gunkel und O. Procksch aus.[14] Offenbleiben muß lediglich die Frage, ob der Elohist selbst noch im Namen von V. 14a ›El‹ hatte oder ob er ›El‹ durch ›Elohim‹ ersetzt hat. — Gegen die hier aufgezeigte mutmaßliche Textentwicklung kann nicht auf das Vorkommen von Morijjā in V. 2 verwiesen werden,[15] weil dieser Name in V. 2 ebenfalls sekundär ist und deshalb sein mögliches Jah/Jahwe-Element für den ursprünglichen Ortsnamen nichts abwirft.

Man kann auch nicht einwenden, *'el jir'āē* könne kein Ortsname,

---

[11] Eißfeldt, Der kanaanäische El 46.

[12] Siehe dazu Kilian, Abrahamsüberlieferungen 78.84-86; Eißfeldt, Der kanaanäische El 52 Anm. 12.

[13] Daß der Verfasser von V. 14b zugleich jener ist, der *Jahwe* in V. 14a ebenso wie in V. 11 einführte, wird ebenfalls noch zu zeigen sein.

[14] Gunkel, Genesis 240-242; Procksch, Genesis 314.

[15] Gegen Reventlow, Opfere deinen Sohn 22.

keine Bezeichnung für eine heilige Stätte sein.[16] Wenn nämlich in Gen 16,13f ein heiliger Brunnen — wenn auch vielleicht sekundär[17] — nach einem *'el ro'î* als ein »Brunnen des Lebendigen, der mir erschienen« benannt wird und so das Erscheinen des Gottes zum Brunnennamen geführt hat, dann ist nicht einzusehen, warum nicht auch in Gen 22,14a »Gott (der) sieht« Name der heiligen Stätte sein kann, indem der Name des Gottes, der dort verehrt wurde, auch auf die Stätte übertragen wurde, so wie der in Beerlachajroi verehrte Gott *'el ro'î* in den Namen des Brunnens Eingang gefunden hat. Freilich kann nicht eindeutig ausgemacht werden, ob im (Gottes- und) Ortsnamen von 22,14a die Wurzel *r'h* (= »sehen«) immer schon ein Verbum finitum war, es könnte einst auch eine Nominalform dieser Wurzel vorgelegen haben.[18]
Läßt sich aber so das Vorkommen von *Jahwe* im Text von Gen 22 sehr wohl und ungezwungen erklären, dann besteht allerdings keinerlei Veranlassung mehr, diese Erzählung der elohistischen Pentateuchquelle abzusprechen. Wir gehen im folgenden deshalb davon aus, daß die Erzählung von der Opferung Isaaks E zugehört. Doch haben die bisherigen Darlegungen bereits gezeigt, daß der elohistische Text später noch überarbeitet und um die Verse 15-18 erweitert wurde. Dieser nachelohistischen Schicht soll jetzt zunächst unsere Aufmerksamkeit gelten. Ihre sorgfältige Erarbeitung wird manches von dem, was bisher nur kurz angedeutet wurde, bestätigen und erhärten.

---

[16] So nimmt z. B. Gunkel, Genesis 239, an, der einstige Ortsname sei schon in V. 14a durch die Deutung des Namens ersetzt.

[17] Siehe dazu Kilian, Abrahamsüberlieferungen 79ff.

[18] Die obige Berücksichtigung der religionsgeschichtlichen Gegebenheiten bei der Ausscheidung von *Jahwe* in Gen 22 läßt im übrigen erkennnen, daß das Postulat eines ursprünglichen Elohim bzw. El nicht *nur* um einer literarkritischen Hypothese willen aufgestellt wird, sondern auch auf Grund der Eigenart der Patriarchenreligion und deren Weiterentwicklung in der Jahwereligion Israels.

2. Nachelohistische Erweiterung und Überarbeitung

a) Verse 15-18

Die Verse 15-18 müssen mit den meisten Autoren als sekundärer Zusatz bezeichnet werden.[19] Dafür spricht schon, daß der Bote Jahwes zum zweitenmal auftritt und redet, nachdem alles für die Erzählung Wesentliche doch schon in V. 11f gesagt war und die Erzählung in V. 13 inzwischen schon weitergeschritten ist. Außerdem sind in J und E das Schwören Gottes bei sich selbst und das prophetische *ne'um jhwh* nicht belegt.[20] Der Nachtragscharakter ergibt sich nicht zuletzt aber auch aus der Tatsache, daß V. 15 (»Und es rief der Bote Jahwes Abraham — zum zweitenmal — vom Himmel her zu.«) mit dem Anfang von V. 11 terminologisch übereinstimmt und desgleichen der Schluß von V. 16 (»und deinen Sohn, deinen einzigen nicht vorenthalten hast«) mit dem Schluß von V. 12. Da der Verfasser von V. 11f nicht derselbe sein kann wie der von V. 15f — schon wegen des *ne'um jhwh* nicht, das weder bei J noch bei E noch je als *ne'um 'elohîm* belegt ist —, ist diese auffallende Parallelität so zu erklären, daß sich der Nach-

---

[19] Vgl. Gunkel, Genesis 239; Procksch, Genesis 319; George, Sacrifice d'Abraham 100; Simpson, Early Traditions 84; Reventlow, Opfere deinen Sohn 73.

[20] Siehe dazu u. a. Procksch, Genesis 319, der noch weitere Argumente anführt. — Zwar findet sich in Ex 32,13 auch das Schwören Gottes bei sich selbst, aber dieser Text gehört nicht E und auch nicht J an, sondern ist eine spätere sekundäre Erweiterung (eines E-Textes?). Die Wahrscheinlichkeit spricht übrigens dafür, daß Ex 32,13 und der unmittelbare Kontext auf denselben Redaktor zurückzuführen sind, der Gen 22,15-18 dem E-Text hinzugefügt hat. Auf jeden Fall ist beachtenswert, daß in Ex 32,13 wesentliche Aussagen unseres Nachtrages vorkommen: das Schwören *Jahwes* bei sich zugunsten der Väter, eine wie die Sterne am Himmel zahlreiche Nachkommenschaft und Besitztum. Könnte man sich zu dieser hier nur kurz angedeuteten These durchringen, dann würde sich auch in Ex 32,7-16 das schwierige Problem der Gottesnamen und der Quellenzugehörigkeit einer Klärung zuführen lassen, und zwar in dieser Weise: Ein vorgegebener E-Text wurde von unserem Redaktor (Gen 22,15-18) überarbeitet und erweitert. Er verwendete für seine eigenen Texte den *Jahwe*namen und hat denselben auch in V. 7 eingefügt, während in V. 15f wieder der alte E-Text mit seinem *Elohim* zum Vorschein kommt. Freilich könnte der *Jahwe*namen in V. 7 auch auf E selbst zurückgehen, da nach Ex 3, 13-15 nicht mehr damit zu rechnen ist, daß E auch weiterhin erzählend nur *Elohim* verwendet. Siehe dazu besonders Fohrer, Exodus 28 Anm. 9.

tragsredaktor terminologisch an das Vorgängige angeschlossen hat, um auf diese Weise seinen Nachtrag mit der ihm vorgegebenen E-Erzählung enger zu verbinden.

Die Verse 17 und 18 stellen eine Zusammenfassung älterer Verheißungen bzw. älterer Verheißungselemente dar. So finden sich die Sterne des Himmels bereits in Gen 15,5, der Sand am Ufer des Meeres in Gen 32,13 und die In-Besitz-Nahme des Tores der Feinde in Gen 24,60. »v. 18 ist aus Phrasen von J und E (v. 18b) aufgebaut.«[21] Dadurch, daß der Redaktor der Verse 15-18 hier ältere Verheißungselemente zusammenfaßt, erweist er sich wiederum als jünger als die »zitierten« Verheißungen, die selbst verschiedenen Traditionssträngen und -stadien angehören.

Wenn sich aber die Verse 15 und 16 terminologisch an die E-Erzählung anschließen und wenn insbesondere V. 16bβ eine Neuauflage von V. 12bβ ist, dann können — um auch das noch einmal klarzustellen — die Verse 15-18 nicht J zugeschrieben werden, sondern müssen einem nachelohistischen Redaktor zugewiesen werden, der sowohl in V. 15f als auch in V. 17f vorgegebenes Material aufgegriffen, zusammengestellt und hier nachgetragen hat.[22]

Bei der Frage nach dem Verfasser der Verse 15-18 ist aber nicht nur auf die Berührungspunkte mit Ex 32,13 hinzuweisen,[23] sondern vor allem auf die Tradition von der Gefährdung der Ahnfrau in Gen 26,1-11. Wie allgemein anerkannt wird, ist diese Partie nicht aus einem Guß.[24] Eine sorgfältige, unabhängig von Gen 22,15-18 durchgeführte literarkritische Analyse ergibt, daß Gen 26,1-7[25] in zwei literarische Schichten zerfällt. Der Text ist in folgender Weise aufzuteilen:

---

21 Procksch, Genesis 319.

22 Anders Cazelles, Pentateuque 773, der die Verse 14-18 J zuordnen will.

23 Siehe dazu oben Anm. 20.

24 Siehe dazu u. a. von Rad, Genesis 235.

25 Im Rahmen der hier anstehenden Frage können wir uns auf die Verse 1-7 beschränken.

26 Zur ausführlichen Begründung dieser Analyse siehe Kilian, Abrahamsüberlieferungen 202-209.

J-Schicht	Redaktionsschicht
(1) Es entstand eine Hungersnot im Lande,	abgesehen von der ersten Hungersnot, die in den Tagen Abrahams war.
Da ging Isaak zu Abimelech	(dem König der Philister?)
nach Gerar.	(2) Da erschien ihm Jahwe und sprach: Zieh nicht nach Ägypten hinab. Nimm Wohnung in dem Land, das ich dir sagen werde. (3) Weile als Fremdling in diesem Lande. Ich werde mit dir sein *und ich werde dich segnen.* Denn dir und deiner Nachkommenschaft werde ich alle diese Länder geben, und ich werde den Schwur verwirklichen, *den ich deinem Vater Abraham geschworen habe.* (4) *Und ich werde deine Nachkommenschaft zahlreich machen wie die Sterne des Himmels,* und ich werde deiner Nachkommenschaft alle diese Länder geben, *und es werden sich mit deiner Nachkommenschaft segnen alle Völker der Erde,* (5) *darum weil Abraham auf meine Stimme gehört hat* und meine Ordnungen, meine Gebote, meine Satzungen und meine Gesetze gehalten hat.
(6) Und Isaak ließ sich in Gerar nieder. (7) Als die Männer des Ortes sich nach seinem Weib erkun-	

J-Schicht	*Redaktionsschicht*
digten, sagte er: Sie ist meine Schwester. Denn er fürchtete sich zu sagen: Sie ist mein Weib.	
	Sonst könnten mich die Leute des Ortes um Rebekkas willen töten; denn sie ist von schönem Aussehen.[26]

Vergleicht man nun die hier vorliegende Redaktionsschicht mit dem Text von Gen 22,15-18, dann ergeben sich überraschende Parallelen sowohl sachlicher als auch terminologischer Art, auf die in der obigen Textdarstellung bereits durch Kursivdruck aufmerksam gemacht wurde. 26,1*.2* sind ganz durch die Situation der J-Vorlage bestimmt; desgleichen verhält es sich mit 22,15; auch dieser Vers ist durch die vorgegebene Erzählung bestimmt. Hier können also naturgemäß noch keine deutlichen Entsprechungen vorliegen, doch finden sie sich massiert in den folgenden Verheißungen. »Ich werde dich segnen« in 26,3 entspricht »ich werde dich segnen« in 22,17, nur wird das Verb hier durch den Infinitivus absolutus verstärkt. Der Schwur zugunsten Abrahams in 26,3 ist eben der von 22,16.[27] »Und ich werde deine Nachkommenschaft zahlreich machen wie die Sterne des Himmels« in 26,4 deckt sich mit »und ich werde deine Nachkommenschaft zahlreich machen wie die Sterne des Himmels« in 22,17, nur daß hier das Verb wiederum durch den Infinitivus absolutus verstärkt wird. Beide absolute Infinitive dürften in Gen 22 auf die besonders bedeutsame Situation zurückzuführen sein.[28] »Und es werden sich mit deiner Nachkommenschaft segnen alle Völker der Erde« in 26,4 deckt sich absolut mit »und es werden sich mit deiner Nachkommenschaft segnen alle Völker der Erde« in 22,18. Dabei ist besonders beachtenswert, daß sich beide Stellen durch die Verwen-

[27] In den Vätererzählungen schwört Gott außer an den beiden genannten Stellen nur noch in den ebenfalls sekundären Texten Gen 24,7; 50,24.

[28] Zum Wechsel des Konjugationssystems siehe Kilian, Abrahamsüberlieferungen 205.

dung des Hitpael von den entsprechenden J-Formulierungen (Gen 12,3; 18,18)[29], die das Nifal aufweisen, gemeinsam abheben. »Darum weil *(ʿeqäb ʾašär)* Abraham auf meine Stimme gehört hat« in 26,5 entspricht »darum weil *(ʿeqäb ʾašär)* du auf meine Stimme gehört hast« in 22,18. Die Abweichung (»Abraham gehört hat« — »du gehört hast«) erklärt sich auf Grund der je verschiedenen Situation. Somit findet sich 22,18 situationsgerecht verändert in 26.4b.5a. Von Bedeutung ist ebenfalls noch, daß in beiden Partien (22,15-18 und 26,2-5) die Segnungen und Verheißungen Abraham bzw. Isaak zuteil werden sollen auf Grund des *Verdienstes* Abrahams.
Überblickt man die sachlichen und terminologischen Übereinstimmungen in diesen beiden Sekundärschichten, dann kann man nicht umhin, beide Schichten ein und demselben Redaktor zuzuweisen. Diese Feststellung mag vorerst einmal genügen.

b) Vers 2

Außer 22,15-18 finden sich in diesem Kapitel aber noch weitere Zusätze, die erst später dem elohistischen Text zugewachsen sind. Zunächst ist hier einmal der Name Morijjā in V. 2 zu nennen. Nach allgemeiner Ansicht ist dieser Name nicht ursprünglich, sondern eine spätere Korrektur, durch die ein ehemals anderer Name ersetzt wurde.[30] Morijjā ist außer hier nur noch 2 Chr 3,1a belegt, wo es heißt: »Und Salomo begann, das Haus Jahwes in Jerusalem zu bauen auf dem Berge Morijjā, wo er seinem Vater David erschienen war.«[31] Daß die Korrektur des ursprünglichen Namens in Gen 22,2 nicht unabhängig von der in 2 Chr 3,1a bezeugten Tradition, wahrscheinlich sogar in unmittelbarem Anschluß daran, vorgenommen wurde, dürfte nachgerade sicher sein. Ist aber Morijjā im Anschluß an 2 Chr 3,1a als Jerusalemer Tempelberg zu verstehen, dann spricht die Wahrscheinlichkeit dafür, daß auf denselben Redaktor, der Morijjā in Gen 22,2 eingefügt bzw. den älteren Namen in dieser Weise korrigiert hat, auch noch »auf

---

[29] Zum Nachweis, daß Gen 18,18 J angehört und nicht einem späteren Redaktor, siehe Kilian, Abrahamsüberlieferungen 105-108.

[30] Vgl. Procksch, Genesis 315; Gunkel, Genesis 237; von Rad, Genesis 205.

[31] So ist der Masoratext zu übersetzen; die Emendation Rudolphs, Chronikbücher 200, »der von seinem Vater David ausersehen war« ist nicht überzeugend.

einem der Berge, den ich dir sagen werde« in V. 2 zurückzuführen ist. Dafür spricht einmal, daß V. 2 bereits in »und bringe ihn dort als Brandopfer dar« einen sinnvollen und guten Abschluß hat. Zum andern geht aus der E-Erzählung — von V. 14b abgesehen, auf diesen Halbvers wird noch zurückzukommen sein — nirgendwo eindeutig hervor, daß die Opferstätte auf einem Berg zu suchen ist. Stammt nun aber der Name Morijjā aus 2 Chr 3,1a und ist dort ausdrücklich gesagt, daß Morijjā auf einem Berg liegt bzw. der Berg selbst Morijjā heißt, dann darf doch wohl angenommen werden, daß auch die Angabe des Berges in Gen 22,2 aus der Tradition von 2 Chr 3,1a stammt. Diese Annahme dürfte noch durch die Tatsache bestätigt werden, daß »den ich dir *('elâka)* sagen werde« in V. 2 terminologisch von den beiden entsprechenden Hinweisen »den ha-Elohim ihm *(lô)* gesagt hatte« in den Versen 3 und 9 abweicht und so zwei verschiedene Verfasser zu vermuten sind.
Was der Redaktor mit seiner Korrektur »Morijjā« und seinem Zusatz »auf einem der Berge, den ich dir sagen werde« erreichen wollte, ist einsichtig, weil Morijjā auf Grund von 2 Chr 3,1 eindeutig ist. Der Tempelberg zu Jerusalem ist — nach der Ansicht dieses Redaktors — nicht nur geheiligt, weil dort einst David auf göttliches Geheiß hin Jahwe einen Altar errichtet hat (2 Sam 24,18ff; 1 Chr 21,18ff), sondern weil dort bereits Abraham einen Altar gebaut hatte, die Tempelstätte der Ort des Isaakopfers war und schon zur Zeit Abrahams von Gott auserwählt war. Dadurch wurde die Tempelstätte noch altehrwürdiger. Schon in der frühesten Geschichte Israels war sie bedeutsam. Zugleich galt sie unserem Redaktor als genuin israelitisch, sie war ja vor Abraham noch nicht bekannt, weil sie ihm erst noch eigens gewiesen werden mußte. — Die Frage, ob der Redaktor gemeint hat, es hätte einst ein Land oder einen Landstrich Morijjā gegeben, der später dann auf einen ganz bestimmten Berg in dieser Gegend, nämlich auf den späteren Tempelberg, übergegangen sei, kann nicht entschieden werden, weil er die Erwähnung des Landes (»geh' in das Land ...«) schon in seiner Vorlage vorgefunden haben dürfte, er also textlich schon gebunden war.
Berücksichtigt man nun noch die oben behandelte Sekundärschicht von Gen 26, dann kann noch weiteres über die Zusätze in Gen 22,2 ausgemacht werden. In 26,3b.4a heißt es nämlich nicht wie sonst in den Väterverheißungen: »Ich werde dir und deiner Nach-

kommenschaft dieses (das) *Land* geben« oder dergleichen (vgl. Gen 12,7; 13,15; 15,18 u. ö.), sondern: »ich werde (dir und) deiner Nachkommenschaft alle diese *Länder* geben«. Dieser Plural erinnert sehr stark an 1 Chr 13,2 und 2 Chr 11,23, wo ein ganz ähnlicher Sprachgebrauch vorliegt.[32] Findet sich nun auch in den Zusätzen von Gen 22,2, nämlich in Morijjā, eine gewisse Verwandtschaft mit dem chronistischen Geschichtswerk und verwendet der Redaktor von Gen 26 in V. 2 bei »das ich *dir* sagen werde« die Präposition *'äl* genau wie der Redaktor von 22,2 bei »den ich *dir* sagen werde« *('elâka)*, während der ältere Text in Gen 22 beim entsprechenden *»ihm«* (22,3.9) die Präposition *l*^{e} aufweist, und ist der Redaktor von Gen 26 mit dem von Gen 22,15-18 identisch, dann sollten auch die Zusätze in 22,2 demselben Redaktor zugeschrieben werden. Dies um so mehr, als sich kein einziger Hinweis beibringen läßt, der dagegen sprechen könnte. Denn wenn sich in einer Erzählung verschiedene sehr späte Zusätze ausmachen lassen, und das gilt für 22,2* wie für 22,15-18, und wenn sie zudem noch gewisse Berührungspunkte mit einer ebenfalls sehr späten Sekundärschicht in einer anderen Erzählung (Gen 26) aufweisen, dann müssen diese Zusätze (22,2* und 22,15-18) wohl oder übel auf *einen* Redaktor zurückgeführt werden. Es sei denn, andere *sichere* Kriterien würden diesen Schluß verbieten. Will man sich einer solchen Konsequenz entziehen, dann muß man gleich grundsätzlich auf die literarkritische Methode verzichten. Nur spielerisch oder pro forma kann man sich ihrer nicht bedienen.[33]

---

[32] Gunkel, Genesis 300: ». . . ›alle diese Länder‹ 3b.4 für die Landschaften Kanaans ist späterer (übertreibender) Sprachgebrauch I Chron 13,2 II 11,23.« Vgl. auch Procksch, Genesis 157.

[33] Hier mag auch angemerkt sein, daß man sich im Pentateuch bei literarkritischen Fragen nie und nimmer nur auf ein einziges Kapitelchen beschränken darf. Man muß immer größere Komplexe berücksichtigen. Denn wenn man schon mit Redaktoren zu rechnen hat, und daran kommt man beim Pentateuch nicht vorbei, dann haben sie sich bei ihrer Redaktion gewiß nicht jeweils nur auf ein Kapitel beschränkt. Das kann natürlich umgekehrt nicht heißen, jeder Redaktor sei in jedem Kapitel nachweisbar, nicht einmal, jedes Kapitel berge notwendig ganz bestimmte Redaktionsspuren. Etwas anderes ist es, wenn nach der durchgeführten Literarkritik die Vorgeschichte und die vorliterarische überlieferungsgeschichtliche Entwicklung untersucht wird. Hier hat jede Tradition ihre eigene Geschichte, selbst wenn sich gewisse Parallelerscheinungen — etwa religionsgeschichtlicher oder gattungsgeschichtlicher Art — aufzeigen lassen.

Wird der Name Morijjā aus Gen 22,2 als sekundär ausgeschieden, dann mag hier gleich die Frage nach dem ursprünglichen Namen behandelt werden. »Und gehe in das Land Morijjā« ist in der alttestamentlichen Fachliteratur häufig verhandelt worden. Als Fazit der Lokalisierungsversuche kann vorerst mit M. Noth festgestellt werden: »Alle alten und neuen Vermutungen über die Lage des Schauplatzes sind ganz unsicher. Es verlohnt sich nicht, darauf einzugehen; wir wissen es einfach nicht.«[34] Daß der ursprüngliche Name notwendig immer schon ein Ländername gewesen sein muß, wie H. Gunkel im Anschluß an J. Wellhausen meint,[35] kann auf Grund von V. 2bβγ (»auf einem der Berge, den ich dir sagen werde«), wonach Gott sich zunächst mit der Angabe des Landes oder der Landschaft begnügt und die spezielle Stätte also erst später benennen wird, nicht ohne weiteres erwiesen werden. Denn V. 2bβγ mußte oben ja ebenfalls als sekundärer Zusatz ausgeschieden werden. Doch muß zugegeben werden, daß dieser Zusatz nur deshalb so gestaltet werden konnte, weil der Redaktor »geh' in das Land ...« in seiner Vorlage gelesen hat; es sei denn, er hätte selbst »Land« eingefügt, aber das ist in keiner Weise wahrscheinlich zu machen, weil für ihn ja Morijjā ein ganz bestimmter Ort ist. Damit ist aber immer noch nicht bewiesen, daß es sich ursprünglich nur um einen Ländernamen gehandelt haben kann.
Die Erzählung selbst legt vielmehr nahe anzunehmen, Abraham sei von allem Anfang an der *Ort* der Opferstätte mitgeteilt worden. Denn Abraham trifft gleich in V. 3 seine Vorbereitungen, bricht auf und geht »zu dem *Ort (maqôm* kann auch die heilige Stätte bezeichnen), den Gott ihm gesagt hatte«. Ebenso ist in den Versen 4 und 9 immer nur vom *Ort* die Rede. Eine zweite Weisung Gottes, wie sie nach der jetzigen Aussage von V. 2 notwendig wäre, findet sich nirgends und ist vom Text her — von V.2 abgesehen — auch nirgendwo zu postulieren. Verlangt aber so die

---

[34] Noth, Pentateuch 126. Vgl. auch Skinner, Genesis 328f; George, Sacrifice d'Abraham 101ff; de Vaux, Genèse 106 Anm. b, die zu einem ähnlich negativen Ergebnis gelangen.

[35] Gunkel, Genesis 237. Siehe dazu auch Procksch, Genesis 313f, der mit vielen anderen im Anschluß an die syrische Übersetzung »Amoriterland« für ursprünglich hält. Doch wendet Reventlow, Opfere deinen Sohn 50, mit Recht ein, daß eigentlich eine Form von *r'h* im Namen zu erwarten wäre. Sein Hinweis auf die Lesarten von Symmachus und Vulgata hat freilich keine Beweiskraft, denn diese Übersetzungen konnten zu ihrer Zeit auch nicht mehr als raten.

eigentliche Erzählung von Gen 22 keine weitere Spezifizierung der Opferstätte, ja scheint sie überhaupt nie eine solche Spezifizierung gekannt zu haben, eben weil sie ab V. 3 schon eindeutig zielgerichtet ist,[36] und hat sich schließlich V. 2bβγ als sekundäre Erweiterung erwiesen, dann darf doch in der Tat angenommen werden, daß in V. 2 — sollte er je zum ältesten Textbestand gehört haben[37] — ursprünglich der Opferort selbst angegeben war.

Wie der Name dieser Opferstätte einst geheißen hat, kann aus V. 2 nicht mehr erschlossen werden. Denn es ist nicht anzunehmen, daß der Redaktor nur deshalb Morijjā eingesetzt hat, weil der alte Name diesem Morijjā in *allen* seinen Bestandteilen ähnlich war. Die bewußt gewollte Identifizierung der alten Opferstätte mit dem Jerusalemer Tempelberg dürfte bei der Redaktion dominiert haben. Da außer V. 2 der Name der Stätte nur noch in V. 14a begegnet, wird man bei der Rekonstruktion des Namens in V. 2 von V. 14a auszugehen haben. Oben wurde bereits ausgeführt, daß auf Grund der religionsgeschichtlichen Gegebenheiten und auf Grund des Vorkommens eines »sehenden« oder »schaubaren El« zu vermuten ist, daß der Name der Stätte einst *'el jir'āē* geheißen hat. Somit könnte angenommen werden, daß der Name der Opferstätte ursprünglich auch in V. 2 *'el jir'āē* gelautet hat.

Die bisherigen Ausführungen zur Ortsangabe in V. 2 basieren mehr oder weniger auf der Voraussetzung, V. 2 sei — von »Morijjā« und »auf einem der Berge, den ich dir sagen werde« abgesehen — bereits Teil der ältesten Erzählschicht gewesen. Nun wird aber später noch zu zeigen sein, daß V. 2 — wiederum von den oben erwähnten Erweiterungen abgesehen — in seiner heutigen Textgestalt auf den Elohisten zurückgeht. Ob die elohistische Bearbeitung eine ältere Einleitung verdrängt hat und wie dieselbe gelautet haben könnte, kann heute ebenfalls nicht mehr ausgemacht werden. Da der Text von V. 2 in der geschlossenen E-Erzählung jedoch auf den Elohisten selbst zurückgeht, ist durchaus mit der Möglichkeit zu rechnen, daß er mit Absicht vor den Namen der Opferstätte *'äräṣ* (= »Land«) gesetzt hat. Und das nicht nur, weil er selbst nicht mehr wußte, wo die Stätte *'el jir'āē,* von

---

[36] Es hat doch in der Tat den Anschein, als ob *maqôm* in V. 3 genau denselben ganz speziellen Ort meine wie *maqôm* in den Versen 4 u. 9.

[37] Daß dies keineswegs sicher ist, wird noch zu zeigen sein. Siehe dazu unten IV,2.

der seine Vorlage[38] sprach, gelegen hat, sondern aus einem noch plausibleren Grund. Seine Vorlage setzt nämlich nicht notwendig voraus, daß Abraham die Stätte, an der er seinen Sohn opfern sollte, vorher nicht gekannt hat, viel eher ist zu vermuten, daß es sich um einen ganz bestimmten Kultort handelte, zu dem der Vater mit seinem Sohn aufbrach. Wohl aber setzt die Vorlage voraus, daß dieser Vater bzw. Abraham erst dieser Stätte den Namen *'el jir'āē* gab, V. 14a. Wenn dem aber so ist, dann konnte nach der Meinung von E der Name dieser Stätte nicht gut schon in V. 2 berichtet werden. Andererseits mußte freilich bei einer Einleitung in der Art von V. 2, deren Gestaltung wesentlich auf E zurückgeht, der Ort irgendwie angegeben werden. Es scheint so, als hätte sich der Elohist in dieser Sache dadurch geholfen, daß er in V. 2 nur das Land bzw. die Landschaft angegeben hat, aber noch nicht die Opferstätte selbst, die ihren Namen dann nach wie vor erst in V. 14a durch den Vater erhält. Doch darf auch bei dieser Hypothese noch vermutet werden, daß der Ländername in V. 2 nicht allzu sehr vom Ortsnamen in V. 14a verschieden war. Wahrscheinlich hat der Elohist den Ortsnamen *'el jir'āē* sogar einfach aus V. 14a übernommen und ihn nur durch den Zusatz *'äräṣ* (= »Land«) als Länder- bzw. Landschaftsnamen ausgegeben. Bei alledem ist zudem noch anzunehmen, daß schon zur Zeit des Elohisten niemand mehr wußte, wo die ehemals heilige Stätte *'el jir'āē* einst gelegen hat. Denn in der staatlichen Zeit Israels ist sie nie bezeugt. War dem aber so — und daran kann kaum gezweifelt werden —, dann konnte der Elohist auch aus dem Ortsnamen einen Länder- bzw. Landschaftsnamen machen. Daß der Name selbst dabei etwas verändert oder gar irgendwie verballhornt wurde, liegt ebenfalls im Bereich des Möglichen. Doch kann auch hierin nichts Sicheres ausgemacht werden. Sicher setzt jedoch auch die Korrektur des elohistischen (?) Ländernamens in »Morijjā« durch den nachelohistischen Redaktor voraus, daß damals die Lage der bezeichneten Landschaft unbekannt war. Denn nur auf Grund dieses Nicht-bekannt-Seins konnte der Redaktor die alte Landschaft und damit auch den alten Kultort mit dem Jerusalemer Tempelberg identifizieren und die Stätte der Opferung Isaaks als die Stätte des Tempels ausgeben.

[38] Ganz gleichgültig, ob sie ihm nur mündlich oder bereits schriftlich fixiert vorgelegen hat.

Gewiß sind manche der oben angestellten Vermutungen nur Vermutungen, aber es handelt sich jeweils um solche, die vom Text der Erzählung und vom Wortlaut von V. 2 ausgehen und dadurch auch gestützt werden. Eine einfachere Lösung ist nicht möglich, weil sie nicht alle anstehenden Schwierigkeiten berücksichtigen würde.[39] Im übrigen ist es bei solchen Fragen oft wichtiger, die damit verbundenen Probleme zu erkennen, als eine glatte Lösung zu bieten.

Nach dem bisher Ausgeführten dürfte der elohistische Text von Gen 22,2 einst gelautet haben: »Und er sprach: Nimm deinen Sohn, deinen einzigen, den du liebst, den Isaak und geh' in das Land *'el ('ᵉlohîm) jir'āē* und bringe ihn dort als Brandopfer dar.«

c) Vers 14

Auf die Schwierigkeiten von V. 14 wurde schon hingewiesen.[40] Gegen die oben vorgeschlagene Aufteilung des Verses in eine ursprüngliche Namengebung (V. 14a) und in eine sekundäre Deutung dieses Namens (V. 14b) hat sich sehr entschieden H. Graf Reventlow in seiner Studie gewandt.[41] Nach ihm kann die Frage der Einheitlichkeit von V. 14 nicht mit literarkritischen Mitteln entschieden werden, »ohne formgeschichtliche Gesichtspunkte für das Urteil mit heranzuziehen. Ja, sie ist sogar ein Paradebeispiel dafür, wie wenig eine grundsätzliche Trennung der verschiedenen exegetischen Methoden in der modernen Auslegung des Alten Testaments noch möglich ist, auch wenn man formal ihre Schritte noch auseinanderhalten muß.«[42] In seiner formgeschichtlichen Argumentation basiert H. Graf Reventlow weithin auf der Arbeit J. Fichtners, Die etymologische Ätiologie in den Namengebungen der geschichtlichen Bücher des Alten Testaments. Dieser findet trotz einer großen Mannigfaltigkeit in der Formulierung etymologischer Ätiologien bei Namengebungen zwei Hauptformen, die gelegentlich noch rein erhalten sind. »Das Schema der einen Form ist folgendes:

---

[39] Reventlow, Opfere deinen Sohn 49-52, macht es sich beim Text von V. 2 entschieden zu einfach. Die Ergänzung von »das ich dir zeigen werde« ist schließlich eine ganz und gar aus der Luft gegriffene Hypothese.

[40] Siehe oben II,1.

[41] Reventlow, Opfere deinen Sohn 26-31.

[42] Reventlow, Opfere deinen Sohn 27.

›Und es nannte der (die) seinen (ihren) Namen so und so; denn er sprach bzw. dachte (und nun folgt die etymolog. Ätiologie)‹.«[43]

»Die zweite häufig belegte Form bringt meistens zunächst den Bericht über ein Ereignis, das sich an einer bestimmten Stätte zugetragen haben soll — die übrigens oft schon vorher namentlich genannt wird — und den Abschluß bildet die Namennennung für diese Stätte in der Form:«

›Deswegen nennt man (nannte er) den Namen dieser Stätte . . .‹[43]

»Es fällt auf, daß die II. Form ... fast ausschließlich für Ortsnamen-Ätiologien verwendet wird, d. h. in Zusammenhängen, die von einem bemerkenswerten Ereignis an einer bestimmten Stätte berichten, die dann in Verbindung mit diesem Ereignis benannt worden ist. Hier steht offenbar das Ereignis im Vordergrund des biblischen Zeugnisses, und dies Ereignis ist in der Namengebung ›festgehalten‹ worden. — Für die I. Form ... ist in der jetzt uns vorliegenden Tradition nicht mit der gleichen Deutlichkeit eine Motivgruppe zu bezeichnen, bei der sie fast ausschließlich angewendet wird. Man kann aber feststellen, daß sie überwiegend bei den Personennamen-Ätiologien begegnet.«[44]

Inhaltlich gesehen wäre Gen 22,14 der zweiten Form J. Fichtners zuzuordnen, nach der bestimmte Stätten nach einem bemerkenswerten Ereignis, das vor der Namengebung erzählt wird, benannt werden. Gegen diese Zuordnung kann jedoch angeführt werden, daß V. 14a nicht — wie sonst in der Form II üblich — beginnt mit: *'ăl-ken qara'* (»deswegen nannte er« Suffixkonjugation), sondern mit: *wăjjiqra'* (»er nannte«, Präfixkonjugation mit *w*-consecutivum), und so beginnt üblicherweise die Form I. Da nun aber nach J. Fichtner die beiden Formen »mannigfach abgewandelt, verkürzt oder miteinander konfundiert werden«[45], könnte man V. 14a unter Umständen trotzdem, allein auf Grund der inhaltlichen Gegebenheiten, der Form II zurechnen. Doch soll das vorerst nicht geschehen.

Anders argumentiert H. Graf Reventlow. Indem er ebenfalls mit der Wandlungsfähigkeit der Formen rechnet, weist er 22,14 der

---

[43] Fichtner, Namengebungen 379.

[44] Fichtner, Namengebungen 380f.

[45] Fichtner, Namengebungen 380.

Form I zu. Denn V. 14a beginnt genau wie die Form I. »Entscheidend für das Verständnis ist aber nun, daß auch die zweite Vershälfte in dieses Schema hineingehört. Die Fortsetzung lautet hier: ›denn er sprach‹, wobei im Hebräischen das Verbum *'mr* verwendet wird, während für die Benennung selbst *qr'* gebräuchlich ist. Genau an der Stelle, an der man es nach dem Schema I erwarten sollte, steht auch in Gen 22,14 *'mr*, allerdings in abweichender grammatischer Form (impf. Niphal statt perf. Qal). Auch findet man statt der Konjunktion ›denn‹ die Relativpartikel *'ascher*. Diese kann jedoch ebenfalls im Sinne von ›denn‹ verwendet werden. Zu dem Grundbestand der Form gehört, daß in diesem ihrem zweiten Teil eine ›etymologische Ätiologie‹ geboten wird, die in enger Entsprechung zu der im ersten Glied vorangegangenen Namensnennung steht und das dort auftretende Stichwort wieder aufgreift. Genau das ist aber in Gen 22,14 der Fall. Eben was der literarkritischen Betrachtungsweise ein Anstoß ist, das doppelte Vorkommen des gleichen Wortstammes in beiden Vershälften, gehört zu den Urmerkmalen der Form und darf weder den Anlaß zu einer Unechterklärung des einen Versteiles noch zur Annahme zweier Quellen bilden.«[46]
So einleuchtend und überzeugend dieses Ergebnis zunächst ist, so stellen sich doch gewisse Bedenken ein, wenn man sich die Mühe macht, alle mehr oder minder deutlichen etymologischen Ätiologien in den geschichtlichen Büchern des Alten Testamentes nachzuprüfen, die J. Fichtner in seiner Untersuchung berücksichtigt; es sind über 80. Unter ihnen findet sich nämlich trotz der zahlreichen Varianten seltsamerweise keine einzige Stelle, bei der im zweiten Teil der Ätiologie — also in der Begründung oder Deutung des Namens, der im ersten Teil gegeben wird — das Verbum *'mr* im Nifal belegt wäre. Das ist gewiß nur eine rein formale Beobachtung, aber bei formgeschichtlichen Fragen müssen eben die formalen Elemente genau betrachtet werden.[47]
Ferner fällt auf, daß an all diesen Stellen praktisch nirgendwo *ᵓᵃšär* im Sinne von *kî* belegt ist. Zwar kann *ᵓᵃšär* ansonsten gelegentlich auch als Konjunktion des Grundes (= »weil«) verwendet

---

46 Reventlow, Opfere deinen Sohn 28.

47 *'mr* kommt bei den über 80 berücksichtigten Stellen im Nifal außer in Gen 22,14 überhaupt nur einmal vor, und zwar im Vordersatz, nämlich in Gen 32,29. An dieser Stelle handelt es sich zudem nicht um eine Erstbenennung, sondern um eine Umbenennung.

werden, doch geschieht das offenbar nicht bei den etymologischen Ätiologien.[48] Sie bevorzugen bei der Einführung der Namenbegründung zu allermeist *kî* und gelegentlich *ʿăl-ʾodôt* mit Substantiv oder *ʿăl* mit Inf.cstr.[49] Es ist deshalb nicht einzusehen, warum gerade an unserer Stelle Gen 22,14 eine Ausnahme vorliegen soll. So ist man viel eher geneigt, mit L. Köhler *ʾᵃšär* in V. 14 als Konjunktion der Folge anzusehen und zu übersetzen: »... so daß er genannt wird«[50]. Oder es ist *ʾᵃšär* einfach als Relationspartikel zu verstehen, die die Funktion hat, den folgenden Satz mit der zuvor genannten Stätte in Beziehung zu setzen. Das dürfte am ehesten dem Wachstum von V. 14 entsprechen. Bestimmt man aber *ʾᵃšär* zu Beginn von V. 14b als Konjunktion der Folge oder als Relationspartikel, dann erledigt sich die Beweisführung von H. Graf Reventlow von selbst.

Aus dem bisherigen Befund sollen jedoch noch keinerlei Schlüsse gezogen werden, es genügt vorerst einmal, auf gewisse Tatbestände

---

[48] Als scheinbare Ausnahme könnte u. U. auf Ex 12,27 hingewiesen werden. Aber hier ist *ʾᵃšär* keine Konjunktion des Grundes, sondern ganz einfache Nota relationis. Vgl. die Übersetzung von Noth, Exodus 66: »Dann sollt ihr antworten: Es ist ein Passah-Schlachtopfer für Jahwe, *der* an den Häusern der Israeliten in Ägypten vorüberging, ...« Auch in Num 20,13 ist *ʾᵃšär* Relativum. »Das ist das Wasser von Meriba, *wo* die Israeliten mit dem Herrn haderten ...« Zudem liegt hier keine eigentliche Namengebung vor. Lediglich in Gen 31,49 könnte eine wirkliche Ausnahme vorliegen. Aber auf diese Stelle wird man wohl verzichten müssen, weil wir in Gen 31,44-32,1 mit verschiedenen Quellen, ganz bestimmt aber mit verschiedenen Traditionen zu rechnen haben. (Siehe dazu vor allem Eißfeld, Hexateuch-Synopse 16f.) Denn gleich drei verschiedene Gegenstände sollen Zeuge oder Symbol des abgeschlossenen Bundes sein: ein Steinhaufen (VV. 46.48.51.52), eine Massebe (VV. 45.51.52) und eine Wache (V. 49f). Die Wachetradition dürfte dabei zuletzt in das Ganze eingeschoben worden sein. Ihren ursprünglichen Wortlaut und damit ihre ursprüngliche Form können wir gerade am Anfang nicht mehr ausmachen. Denn eben am Einsatzpunkt mußte sie, um eingefügt werden zu können, in dieser oder jener Weise verändert werden. So entsprechen auch die Verse 47-49 am wenigsten den Schemen von Fichtner, wenn man V. 49 mit hinzuzieht. — Aber, um das gleich anzumerken, es tut den folgenden Ausführungen im ganzen keinen Abbruch, wenn man sich auf Gen 31,49 versteifen will. Der übrige Textbefund ist zu eindeutig. Zudem wird nicht nur mit *ʾᵃšär* argumentiert.

[49] Vgl. Fichtner, Namengebungen 383f.

[50] Köhler-Baumgartner, LVTL 97. So auch Eißfeldt, Hexateuch-Synopse 36*, und von Rad, Genesis 203.

aufmerksam zu machen. Feststeht im Augenblick aber auf jeden Fall, daß V. 14, so er als Einheit verstanden wird, unter all den anderen etymologischen Ätiologien eine gewisse Sonderstellung einnimmt, da sich nirgendwo eine exakte Entsprechung findet. Eben deshalb muß ja H. Graf Reventlow einmal *'ašär* im Sinne von *kî* (»denn«) verstehen und zum andern muß er, um zur postulierten ursprünglichen Form zu gelangen, die Nifal-Form (Passiv) von *'mr* (= »sagen, sprechen, nennen«) in ein Qal-Form (Aktiv) abändern und einen Subjektswechsel vornehmen. Schließlich kann er aber auch das im Masoratext am Versende belegte Nifal von *r'h* (Qal = »sehen«; Nifal = »sich sehen lassen, sichtbar werden, erscheinen«) nicht mehr in seiner Textrekonstruktion unterbringen und muß es auslassen, nicht jedoch ohne vorher noch durch ein »hat« anzudeuten, daß er am Schluß offenbar eine ursprüngliche Aktiv-Form vermutet. Nur um den Preis dieser Emendationen kann er zu seinem endgültigen Text kommen, der formgeschichtlich dann anderen etymologischen Ätiologien entspricht: »Und Abraham nannte den Namen dieser Stätte: ›Jahwe sieht‹, denn er sprach: ›Heute, auf (diesem?) Berge hat Jahwe ...‹«[51] Übersetzt man den Masoratext einfach so, wie er belegt ist, dann lautet der Vers: »Und Abraham nannte den Namen dieser Stätte: ›Jahwe sieht‹, so daß heute gesagt wird[52]: ›Auf dem Berge, wo Jahwe erscheint‹.« Faßt man *'ašär* als Relationspartikel auf, dann lautet der Vers: »Und Abraham nannte den Namen dieser Stätte: ›Jahwe sieht‹, die man heute nennt[53]: ›Auf dem Berge, wo Jahwe erscheint‹.« Diese letztere Auffassung dürfte den Vorzug verdienen.

Wie man sieht, bereitet V. 14, wenn man ihn nimmt, wie er dasteht, weder syntaktische noch inhaltliche Schwierigkeiten. Die Emendationen H. Graf Reventlows gründen also einzig und allein in der Annahme, V. 14 müsse in seiner Ganzheit einer bestimmten Form etymologischer Ätiologien entsprechen. Und auf Grund dieser Annahme wird dann mit Hilfe von Emendationen die Einheit von V. 14 bewiesen. Doch soll dieses Vorgehen auch jetzt noch nicht beurteilt werden. Vielmehr wird zunächst noch eine wichtige formgeschichtliche Beobachtung angeführt.

---

[51] Reventlow, Opfere deinen Sohn 53.
[52] So z. B. Eißfeldt, Hexateuch-Synopse 36*. Den gleichen Sinn ergibt die Übersetzung von Rads, Genesis 203: »so daß man heute noch sagt«.
[53] Oder: »von der heute gesagt wird«.

Lassen sich für den ganzen V. 14 in seiner Masoragestalt keine exakten Entsprechungen beibringen, so finden sich doch solche zu V. 14a. Gen 28,19: »Und er nannte den Namen dieser Stätte: ›Beth-El‹. Früher hingegen hieß die Stadt Lus.« Mit V. 19a ist die etymologische Ätiologie, die auf dem zuvor Berichteten basiert (also genau wie in Gen 22), abgeschlossen. Was folgt, gehört gattungsmäßig nicht mehr zur Ätiologie. Vgl. dazu Gen 35,6, wo die Namen in umgekehrter Reihenfolge begegnen. — Ri 15,17: »Und als er ausgeredet hatte, warf er den Kinnbacken weg, und er nannte diese Stätte (diesen Ort): ›Kinnbackenhöhe‹.« — Ri 2,4f: »Und es geschah, als der Bote Jahwes diese Worte zu ganz Israel sprach, da erhob das Volk seine Stimme und weinte. Und sie nannten den Namen dieser Stätte Bokim. (Und sie opferten dort Jahwe.)«[54] — Die folgenden Beispiele sind formal gleich, nur ist hier auf Grund des Kontextes die 3. p. sgl. m. mit »man« zu übersetzen. Num 21,2f: »Und Israel gelobte Jahwe ein Gelübde und sprach: Wenn du dieses Volk ganz in meine Gewalt gibst, so werde ich ihre Städte bannen. Und Jahwe hörte auf die Stimme Israels und gab die Kanaaniter preis; und es bannte sie und ihre Städte, und man nannte den Namen der Stätte Chorma.« — Ri 1,17: »Und Juda ging mit seinem Bruder Simeon, und sie schlugen die Kanaaniter, die in Zephat wohnten, und sie bannten sie, und man nannte den Namen der Stadt Chorma.«

Schließlich sind in diesem Zusammenhang auch noch einige jener Fälle zu nennen, die B. O. Long als Mischtyp bezeichnet,[55] gleichgültig ob man — je nach dem sonstigen Befund — annimmt, es handle sich um die oben angeführte Form I ohne das Element »denn er sprach bzw. dachte ...« oder um die Form II ohne die Einleitung »deswegen«. Dazu gehören: Gen 26,21 (»Und sie gruben einen anderen Brunnen, und auch um ihn fingen sie Streit an. Da nannte er seinen Namen Sitna [= ›Anschuldigung‹].«); Gen 35,8 (»Es starb Debora, die Amme Rebekkas; sie wurde unterhalb von Bethel unter der Eiche begraben, und er nannte ihren Namen Klageeiche.«); Gen 25,24-26 (»Als nun die Zeit da war, da sie gebären sollte, siehe, da waren Zwillinge in ihrem Leibe. Und der

[54] Dieser eingeklammerte Schlußsatz gehört nicht mehr zur vorausgehenden Ätiologie, denn die Verse 1b-5a sind nach allgemeiner Ansicht eine Größe sui generis. Siehe dazu Eißfeldt, Hexateuch-Synopse 83.

[55] Long, Problem 37ff.

erste kam heraus, rötlich, ganz wie ein haariger Mantel, da nannten sie seinen Namen Esau. Danach kam sein Bruder heraus, und seine Hand hielt die Ferse Esaus, da nannte man seinen Namen Jakob.«); Gen 19,37f (»Die Ältere gebar einen Sohn, und sie nannte seinen Namen Moab. Das ist der Stammvater von Moab bis auf diesen Tag. Auch die Jüngere gebar einen Sohn, und sie nannte seinen Namen ben-Ammi. Das ist der Stammvater der bene-Ammon bis auf diesen Tag.«). Unter Umständen wäre auch noch auf jene Geburtsberichte hinzuweisen, bei denen der Namengebung nach der Art der Form I das Element »denn er bzw. sie sprach bzw. dachte...« abgeht, weil es inhaltlich schon in einer Rede vor der eigentlichen Namengebung vorweggenommen ist, Gen 29,33; 30,8.11.13.18.20.24.[56]

Diese angeführten Beispiele zeigen, es gibt Ätiologien, die — nach einem kürzeren oder längeren Bericht, in dem inhaltlich und/oder per Assonanz der Name des zu benennenden Ortes oder der zu benennenden Person mehr oder minder deutlich schon mitgegeben ist — die eigentliche Namengebung abschließend in dem kurzen Satz mitteilen: »und er (man, sie) nannte(n) den Namen dieser Stätte (Person, Sache) so und so«, oder noch kürzer: »und er (man, sie) nannte(n) ihn (es, sie) bzw. seinen (ihren) Namen so und so«.[57] Diesen Ätiologien ist es also eigen, keine weiteren Begründungen mit sich zu führen. Sie schließen auch nicht durch *ʿăl-ken* (= »deswegen«) oder ähnliche Einführungen an den vorausgehenden Text an. Trotzdem sind sie sachlich eng mit dem zuvor Berichteten verbunden. Dieser Art von Ätiologien entspricht nun Gen 22,14a, und zwar genau.[58] Somit kann V. 14a aber auch als eine in sich geschlossene Einheit betrachtet werden, die zu ihrer Vollständigkeit weder eine andere Einleitung noch eine nachfolgende Begründung vonnöten hat. Ja, wenn V. 14a formgeschichtlich dieser öfters bezeugten Abschlußart von Ätiologien zugehört, dann darf für die ursprüngliche Gestalt nicht einmal eine Fort-

---

[56] Siehe dazu Long, Problem 30.33.

[57] Daß das *w* zu Beginn des Satzes auch mitunter mit »da« zu übersetzen ist, versteht sich von selbst.

[58] Daß in V. 14a das Subjekt Abraham noch eigens mit Namen genannt ist, ändert an der formalen Gestalt nichts. Diese besondere Hervorhebung Abrahams — sein Name begegnet in Gen 22 fast zu oft — könnte u. U. auch damit zusammenhängen, daß einst eine andere Vatergestalt die Hauptfigur dieser Tradition war.

setzung postuliert werden.[59] Übrigens stellt auch B. O. Long im Verlauf seiner gründlichen Untersuchung ätiologischer Texte im Alten Testament fest, daß es nicht angeht, so man in V. 14a den ersten Teil der Form I erblickt, V. 14b als ursprüngliche Fortsetzung von V. 14a zu verstehen.[60]

Wenden wir uns nach diesem Ergebnis wieder dem Ausgangspunkt der bisherigen formgeschichtlichen Überlegungen zu und fragen wir erneut, ob V. 14 nun eine ursprüngliche Einheit ist oder nicht, so ergibt sich folgendes. Einmal kann man mit H. Graf Reventlow, wenn man seiner Rekonstruktion zustimmen will, annehmen, V.14 sei mit Hilfe der formgeschichtlichen Betrachtungsweise als eine Einheit zu erweisen. Zum anderen kann man aber auch mit Hilfe der formgeschichtlichen Betrachtungsweise annehmen, V. 14 sei keine ursprüngliche Einheit, weil sich exakte Entsprechungen nur zu V. 14a aufzeigen lassen. V. 14b wäre dann als eine spätere Erweiterung anzusehen, die eine ganz bestimmte Aussage macht. Daß diese zweite Möglichkeit, die ohne jede Textveränderung auskommt und durch mehrere Parallelen gestützt, also nicht nur postuliert wird, einen geringeren Wahrscheinlichkeitsgrad aufweist als die von H. Graf Reventlow, wird im Ernst niemand behaupten wollen. Dabei geht es jetzt gar nicht darum, die Rekonstruktion H. Graf Reventlows als unmöglich abzutun, sie soll als Möglichkeit bestehen bleiben. Es geht nur darum aufzuzeigen, daß sich formgeschichtlich auch noch eine andere Möglichkeit anbietet.

Damit hat sich aber das Eigenartige ergeben, daß Gen 22,14 in der Tat ein Paradebeispiel dafür ist, »wie wenig eine grundsätzliche Trennung der verschiedenen exegetischen Methoden in der modernen Auslegung des Alten Testements noch möglich ist, auch

---

[59] Die Tatsache, daß die oben angeführten Beispiele solcher Ätiologien fast immer mit der Benennung schließen, kann in Gen 22 jedoch nicht sicheres Kriterium dafür sein, daß auch die *Erzählung* von Gen 22 ursprünglich hier geendet hat, sondern kann nur erweisen, daß die Ätiologie als Ätiologie beendet ist. Bei den genannten Beispielen handelt es sich zumeist nur um relativ kleine ätiologische Einheiten, während Gen 22 heute eine ausgeführte Erzählung ist, die ein ätiologisches Motiv birgt. Auf die Differenzierung ätiologisches Motiv und ätiologische Erzählung wird noch eigens zurückzukommen sein.

[60] Long, Problem 28f: »Therefore v. 14b cannot be the original γ element belonging with v. 14a.« Unter γ-Element versteht er den zweiten Teil der Form I: »denn er sprach bzw. dachte ...«

wenn man formal ihre Schritte noch auseinanderhalten muß«[61]. Nur hat dieses Ergebnis ein anderes Vorzeichen als das von H. Graf Reventlow. Denn meint er, bei V. 14 seit mit literarkritischen Mitteln keine Sicherheit zu erreichen, so hat sich jetzt herausgestellt, daß mit formgeschichtlichen Mitteln erst recht keine sichere Entscheidung getroffen werden kann, eben weil sich zwei Möglichkeiten innerhalb der formgeschichtlichen Betrachtungsweise ergeben haben.[62] Somit sind wir bei der Frage, ob V. 14 nun eine Einheit ist oder nicht, doch wieder auf die Literarkritik verwiesen. Und diese vermag tatsächlich entgegen der unbewiesenen Behauptung H. Graf Reventlows eine Entscheidung zu ermöglichen, so man sie nur sorgfältig genug handhabt.

Es fällt nämlich auf, daß in Gen 22, abgesehen von V. 14b, nur im sekundären Zusatz von V. 2 — und der Sekundärcharakter wurde dort ohne Berücksichtigung von V. 14b erwiesen, es liegt also kein Zirkelschluß vor — expressis verbis gesagt ist, die Opferstätte liege auf einem Berg. Dieselbe Vorstellung findet sich nun aber auch in V. 14b. Das legt zumindest wieder den Verdacht nahe, der Zusatz von V. 2 und V. 14b könnten auf einen gemeinsamen Redaktor zurückgehen. Und dieser Verdacht verstärkt sich noch. Denn der Name Morijjā mußte in V. 2 mit der Angabe von 2 Chr 3,1a in Verbindung gebracht werden. Vergleicht man nun wenigstens versuchsweise die Texte von Gen 22,14b und 2 Chr 3,1a miteinander, so ergibt sich ebenfalls eine Gemeinsamkeit. 2 Chr 3,1a weiß Morijjā auf einem Berg gelegen, und dieser Berg ist ein Erscheinungsort Jahwes. In Gen 22,14b ist die Opferstätte ebenfalls auf einem Berg gelegen und gilt ebenfalls als Erscheinungsort Jahwes. Somit weisen der Zusatz in V. 2 und V. 14b nicht nur den beiden gemeinsamen Berg auf, sie haben auch beide eine gemeinsame Beziehung zu der in 2 Chr 3,1a bezeugten Tradition. Will der Zusatz in V. 2, und hier vor allem der Name Morijjā, sagen, daß die den Zeitgenossen bekannte Tempelstätte einst der Ort des Isaakopfers war, so bringt auch V. 14b die alte Opferstätte mit

---

[61] Reventlow, Opfere deinen Sohn 27.

[62] Hält man auf Grund der oben aufgezeigten Kritik am Vorgehen Reventlows allerdings seine Rekonstruktion für unmöglich, dann hat die formgeschichtliche Methode in der Tat ein Ergebnis gezeitigt, nämlich die ursprüngliche Uneinheitlichkeit von V. 14. Dieses Ergebnis wird im folgenden durch eine rein literarkritische Argumentation noch bestätigt.

einem heute noch bekannten Ort zusammen, der als Erscheinungsort Jahwes gilt (»die man heute nennt: ›Auf dem Berge, wo Jahwe erscheint‹«).
Ob der Gemeinsamkeiten, die zwischen dem Zusatz in V. 2 und V.14b bestehen, und ob der gemeinsamen Intention, die alte Stätte mit einer den Zeitgenossen bekannten Stätte zu identifizieren, müssen der Zusatz in V. 2 und V. 14b wohl oder übel einer einzigen Redaktorenhand zugewiesen werden. Diese Schlußfolgerung wäre nur dann nicht statthaft, wenn gewichtige Einwände, die auf sicheren Kriterien basieren, dagegen vorgebracht werden könnten. Wäre z. B. das mit Hilfe der Formgeschichte erzielte Ergebnis H. Graf Reventlows über alle Zweifel erhaben, dann müßte versucht werden, die Gemeinsamkeiten von V. 14b mit dem Zusatz in V. 2 und ihre gemeinsame Beziehung zu 2 Chr 3,1a in anderer Weise zu erklären. Ob dabei eine höhere Wahrscheinlichkeit erlangt werden könnte, sei dahingestellt, doch müßte zumindest der Versuch gemacht werden. Andernfalls wird ein Teil der anstehenden Problematik auf ungute Weise ausgeschaltet. Da jedoch eine nicht einseitig festgelegte formgeschichtliche Untersuchung von V. 14 ergeben hat, daß formgeschichtlich zwei Möglichkeiten bestehen, und eine dieser Möglichkeiten die Trennung von V. 14a von V. 14b zuläßt, muß auf Grund des literarkritischen Befundes eben dieser Möglichkeit der Vorzug gegeben werden.
Auf Grund dieser Überlegungen muß also auch V. 14b demselben Redaktor zugeordnet werden, der den sekundären Zusatz in V. 2 eingefügt hat. Und dann hat auch V. 14b die Intention, die Stätte der Opferung Isaaks als den Berg Morijjā, d. h. als den Jerusalemer Tempelberg auszuweisen. Daß sich der Redaktor dabei der Wurzel *r'h* (= »sehen«) seiner Vorlage von Gen 22 bedienen konnte, hat ihm seine Arbeit erleichtert. Doch wurde ja bereits bei der Untersuchung von 22,15-18 gezeigt, daß sich dieser Redaktor gerne an seine Vorlage anschließt und sich dieser bedient.[63]

d) Die Gottesnamen in den Versen 11 und 14a

Gehen nun die Verse 15-18, V. 14b und der sekundäre Zusatz in V. 2 auf *eine* Redaktion zurück und ist es dieser Redaktion eigen, nur den Gottesnamen Jahwe zu verwenden, dann sollte dieser

---

[63] Die Identität des Redaktors von 22,15-18 mit dem des Zusatzes in 22,2 wurde oben schon erwiesen.

Redaktion doch auch der Gottesname Jahwe in V. 11 zugeschrieben werden. Läßt dieser Redaktor zudem in seinem eigenen Text in V. 15 den Boten *Jahwes* vom Himmel her rufen, und läßt er ihn außerdem noch »zum zweitenmal« vom Himmel her rufen, womit er also Bezug nimmt auf das Rufen des Boten in V. 11, dann sieht er notwendigerweise in beiden Gestalten ein und denselben Boten. Nennt er aber seinen Boten in V. 15 den Boten *Jahwes,* dann mußte er auch in V. 11 den Boten *Jahwes* auftreten lassen. Das heißt: er mußte den Boten *Elohims,* wie er für den elohistischen Text anzunehmen ist, in einen Boten *Jahwes* abändern. Dies geschah durch den Austausch der beiden Gottesnamen. Konnte aber dieser Redaktor den Gottesnamen in V. 11 austauschen, dann sollte auch der Gottesname *Jahwe* in V. 14a auf ihn zurückgeführt werden. Schließlich hatte er ja ein Interesse daran, die Opferstätte als einen Ort der *Jahwe*-Erscheinung auszuweisen.[64] Nicht mehr sicher auszumachen ist freilich, ob in V. 14a im E-Text die Opferstätte einst »El sieht« oder »Elohim sieht« geheißen hat. An sich ist beides möglich. Da E aber auch sonst gelegentlich alte El-Gottesnamen in ihrer ursprünglichen Gestalt überliefert hat (vgl. Gen 21,33)[65], kann man auch für den E-Text ein »El sieht« annehmen.

Hat der Jahwist in Gen 16,11 nur in die etymologische Begründung des Ismael-Namens den sachlich deplacierten Jahwe-Namen eingeführt, weil — wie schon erwähnt — El im bekannten Namen Ismael nicht ersetzbar war, so hat der Redaktor von Gen 22,14 (auf E selbst kann der Jahwe-Namen ja nicht zurückgehen, höchstens ein Elohim anstelle von El) nicht nur eine Jahwe-Begründung angehängt, sondern auch noch Jahwe in den eigentlichen Heiligtums-Namen eingeführt, was — wie ebenfalls schon erwähnt — nur möglich war, wenn zu seiner Zeit kein Heiligtum mehr unter dem Namen »El(ohim) sieht« bekannt war.

---

[64] Von der grundsätzlichen Möglichkeit und der religionsgeschichtlich begründbaren Wahrscheinlichkeit einer solchen Vertauschung war bereits die Rede. Siehe dazu oben II,1.

[65] Auch an dieser Stelle ist beachtenswert, daß ein nachelohistischer Redaktor später noch den *Jahwe*namen nachgetragen hat. Siehe dazu Kilian, Abrahamsüberlieferungen 256.

3. Zusammenfassung

Einer nachelohistischen Erweiterung und Überarbeitung von Gen 22 sind demnach zuzuweisen:

V. 2: »Morijjā« und »auf einem der Berge, den ich dir sagen werde«.

V. 14b: »die man heute nennt: ›Auf dem Berge, wo Jahwe erscheint‹.«

VV. 15-18: »Da rief der Bote Jahwes den Abraham zum zweitenmal vom Himmel her an. Und er sprach: Ich schwöre bei mir, Spruch Jahwes, darum weil du dies getan und (mir) deinen Sohn, deinen einzigen, nicht vorenthalten hast, werde ich dich überreich segnen und deine Nachkommenschaft überaus zahlreich machen wie die Sterne des Himmels und wie den Sand am Gestade des Meeres. Und deine Nachkommenschaft wird das Tor seiner Feinde in Besitz nehmen. Und es werden sich mit deiner Nachkommenschaft alle Völker der Erde segnen, darum weil du auf meine Stimme gehört hast.«

Auf den Redaktor dieser Verse ist auch der *Jahwe*namen in V. 11 und in V. 14a zurückzuführen.[66]

Verglichen mit literarkritischen Analysen anderer Pentateuchtexte, konnte hier ein überaus sicheres Ergebnis erzielt werden. Offen bleiben hier lediglich die Fragen, ob die Opferstätte im elohistischen Text »El *jir'āē«* oder »Elohim *jir'āē«* geheißen und wie und wann »Land« in V. 2 Eingang gefunden hat. Fragen könnte man schließlich auch noch, ob in V. 11 auch schon in der E-Erzählung der Bote Elohims vom Himmel her gerufen hat. Es wäre ebenso möglich, sogar wahrscheinlicher, daß einst Elohim selbst gerufen hat, so wie er auch in V. 1f selbst spricht. Dann müßte auch der Bote in V. 11 auf den nachelohistischen Redaktor zurückgeführt werden. Doch da auch in Gen 21,17 der Bote Elohims belegt ist, kann hierin keine Sicherheit erlangt werden.

---

[66] Dieser Redaktor läßt sich auch noch an anderen Stellen in Gen 12-26 nachweisen. Siehe dazu die zusammenfassenden Ausführungen bei Kilian, Abrahamsüberlieferungen 317-320.

III. DIE ELOHISTISCHE ERZÄHLUNG

1. Übersetzung

1 Nach diesen Ereignissen geschah's, Elohim[1] versuchte Abraham.
Er sprach zu ihm: Abraham! — Er sprach: Hier bin ich.
2 Da sprach er: Nimm deinen Sohn, deinen einzigen, den du
liebst, den Isaak und gehe in das Land *'el jir'āē* und bringe
ihn dort als Brandopfer dar.
3 Da machte sich Abraham frühmorgens auf, sattelte seinen Esel
und nahm seine beiden Knechte mit sich und Isaak, seinen
Sohn, spaltete Holz für ein Brandopfer, machte sich auf und
ging zu der Stätte, die Elohim ihm gesagt hatte.
4 Am dritten Tag erhob Abraham seine Augen, und er sah die
Stätte von ferne.
5 Da sprach Abraham zu seinen Knechten: Bleibet hier mit dem
Esel. Ich aber und der Knabe, wir gehen dorthin, um anzu-
beten, dann kehren wir zu euch zurück.
6 Dann nahm Abraham das Holz fürs Brandopfer und lud es
Isaak, seinem Sohn, auf. Er selbst nahm das Feuer und das
Messer in die Hand. So gingen die beiden miteinander.
7 Da sprach Isaak zu Abraham, seinem Vater, er sprach: Mein
Vater! — Er sprach: Hier bin ich, mein Sohn. — Da sprach
er: Hier ist Feuer und Holz, wo aber ist das Schaf für das
Brandopfer?
8 Da sprach Abraham: Elohim wird sich das Schaf für das
Brandopfer ersehen, mein Sohn. So gingen die beiden mitein-
ander.
9 Und sie kamen zu der Stätte, die Elohim ihm gesagt hatte.
Dort baute Abraham den Altar, schichtete das Holz auf, fes-
selte den Isaak, seinen Sohn, und legte ihn auf den Altar,
oben auf das Holz.

---

[1] Im folgenden wird nicht berücksichtigt, ob im Masoratext Elohim mit oder ohne Artikel steht. In Gen 22 kann man nämlich keinerlei Schlußfolgerungen aus dem Vorkommen oder Fehlen des Artikels bei Elohim ziehen, weder literarkritischer noch überlieferungsgeschichtlicher Art. Denn Gen 22 verwendet bzw. läßt den Artikel bei Elohim nicht wahllos aus. In den rein erzählenden Partien steht jeweils der Artikel (VV. 1.3.9), in der direkten Rede dagegen fehlt er (V. 8).

10 Dann streckte Abraham seine Hand aus und ergriff das Messer, um seinen Sohn zu schächten.
11 Da rief ihn (der Bote) Elohim(s) vom Himmel her an. Er sprach: Abraham, Abraham! — Er sprach: Hier bin ich.
12 Da sprach er: Strecke deine Hand nicht gegen den Knaben aus, tue ihm nichts an! Denn jetzt weiß ich, daß du gottesfürchtig bist, da du mir deinen Sohn, deinen einzigen, nicht vorenthalten hast.
13 Da erhob Abraham seine Augen und sah, siehe, hinten war ein Widder, der sich mit seinen Hörnern im Gestrüpp verfangen hatte. Da ging Abraham hin, nahm den Widder und brachte ihn als Brandopfer dar anstelle seines Sohnes.
14 Und Abraham nannte den Namen dieser Stätte: *'el ('elohîm) jir'āē* (= »Gott sieht«).
19 Dann kehrte Abraham zu seinen Knechten zurück. Sie machten sich auf und gingen miteinander nach Beerscheba. Und Abraham blieb in Beerscheba wohnen.

2. Auslegung

Vers 1

Die Einleitung »nach diesen Ereignissen geschah's« ist ein Kompositionselement, durch das der Autor das Folgende mit dem Vorhergehenden, also mit den Geschehnissen von Gen 21, verbindet. Eine ganz ähnliche Verbindungsklammer findet sich auch in Gen 15,1a.

Von besonderer Bedeutung ist die in V. 1 sich daran anschließende Inversion, die von der üblichen hebräischen Wortabfolge abweicht und Elohim betont voranstellt. Dadurch wird zum Ausdruck gebracht, was nun folgt, das ist nicht irgendein dunkles Geschick, sondern ein von Gott in Gang gesetztes Geschehen. So weiß der Leser, daß hinter der Opferung Isaaks Gott steht, der die Fäden des Geschehens in der Hand hält, auch wenn er sich zwischendurch verbirgt und Abraham sich selbst und seinen Nöten überläßt.

Noch wichtiger ist allerdings die inhaltliche Aussage: »Elohim versuchte Abraham.« Damit ist der Erzählung das eigentlich Anstößige schon genommen. Gott will gar nicht, daß Isaak tatsächlich geopfert wird, er will Abraham nur auf die Probe stellen.

Was von Gott hier in die Wege geleitet wird, soll nur den Glaubensgehorsam und die Gottesfurcht Abrahams erweisen. Gewiß liegt hier ein Anthropomorphismus vor, der Allwissende mußte doch um seinen Vertrauten Abraham auch ohne Versuchung wissen. Doch ist es nun einmal dem Alten Testament eigen, daß in ihm Gott nicht nur göttlich, sondern auch ein ›menschlicher‹ Gott ist, der eben dadurch den Menschen zugänglich wird. Gerade in den Anthropomorphismen zeigt sich Gott als ein lebendiger Gott, »der ihnen wollend und handelnd begegnet, auf die Menschen einwirkend, auf sie zukommend«[2].
Vielleicht ist aber auch damit die letzte Intention des Elohisten noch nicht erfaßt. Beim Elohisten läßt sich nämlich wiederholt das Bemühen feststellen, die Väter, insbesondere Abraham, als Vorbilder erscheinen zu lassen.[3] Das zeigt sich bei Abraham z. B. in der Erzählung von der Gefährdung der Ahnfrau in Gen 20. Ist den älteren Paralleltraditionen Gen 12,10-20 und 26,1-11 zu entnehmen, daß Abraham (bzw. Isaak) wirklich gelogen hat, als er Sara (bzw. Rebekka) als Schwester ausgegeben hat, so weiß der Elohist, Abraham dadurch vom Vorwurf der Lüge reinzuwaschen, daß er Sara — in einer Erfindung ad hoc — als Halbschwester Abrahams ausweist (Gen 20,12). Etwas Ähnliches findet sich dann auch in der elohistischen Bearbeitung der vorelohistischen Grundtradition von Gen 21,9-21. Denn hier wird durch den E-Einschub der Verse 11-13 aus einem der Sara unterlegenen Abraham ein um Ismael besorgter (V. 11), Gott ergebener und gehorsamer Abraham (V. 12f).

Geht man von dieser Gegebenheit aus und berücksichtigt man ferner, daß der Elohist in 22,1 bereits um den guten Ausgang der Erzählung und damit auch der Probe weiß, dann darf man wohl annehmen, daß er in Gen 22 nicht nur eine Versuchungsgeschichte um ihrer selbst willen erzählt, sondern auch hierin das Anliegen verfolgt, dem Hörer bzw. Leser in Abraham ein leuchtendes Beispiel vor Augen zu stellen. Ist dem so, dann verfolgt der Elohist in Gen 22 ein paradigmatisches und in ihm ein didaktisches Ziel. Er will mit Hilfe der hehren Gestalt Abrahams zeigen, wie sich der Gottesfürchtige und Gott Gehorsame auf seinen Gott einläßt.

---

[2] Köhler, Theologie 6.
[3] Vgl. dazu u. a. Weiser, Einleitung 107.

Wird V. 1 in dieser Weise verstanden, und V. 12b wird diese Ansicht bestätigen, dann kann man natürlich in den folgenden Versen keine Spitze und keine Polemik gegen etwaige heidnische Kultgebräuche, gegen Menschenopfer erblicken. Auch spiegelt sich dann im folgenden keine Auseinandersetzung Israels mit kanaanäischen Kinderopfern wider.

Vers 2

Hier fällt auf, wie genau — oder wie umständlich, da doch der Name Isaak allein genügen würde — der Junge beschrieben wird. »Nimm deinen Sohn, deinen einzigen, den du liebst, den Isaak.« Das verweist auf einen Erzähler oder Verfasser, dem das zu bringende Opfer bzw. die Versuchung in der ganzen Schwere bewußt ist und der dies auch den Hörern nahebringen und einprägen will. Gleichsam stückweise wird der Sohn dem Vater aus dem Herzen gerissen. Und stückweise muß der Vater seine Hoffnungen begraben. Denn wie über den Sohn, so scheint in ihm auch über die Verheißung zahlreicher Nachkommenschaft (Gen 15,5 E), die in Isaak bereits ihrer Erfüllung entgegenging, der Stab gebrochen zu sein.

Die Aussage, Isaak sei der einzige Sohn Abrahams, hat die vorausgehende elohistische Abrahamsüberlieferung zur Voraussetzung, nach der Hagar mit Ismael verstoßen wurde. Beide leben von Abraham getrennt und zählen nicht mehr zu den Seinen (Gen 21,20f). — Die Frage nach dem Land ›*'el jir'āē*‹ wurde bereits oben erörtert.[4]

Vers 3

Wie beim Jahwisten, Gen 12,4a, macht sich Abraham stumm daran, das Geforderte zu erfüllen. Doch ist der Unterschied zwischen den beiden Situationen nicht zu übersehen. In Gen 12,4 bricht Abraham im Vertrauen auf eine Verheißung hin auf (12,2-3), in Gen 22 bricht er auf, um die ihm zuteil gewordene Verheißung zu Grabe zu tragen. Aber er gehorcht dem göttlichen Auftrag und verzichtet auf seine Zukunft. Was Abraham gedacht und empfunden hat, darüber fällt kein Wort. Nur was er tut, wird berichtet. Daß er sich frühmorgens daran macht, dem Gebotenen nachzukommen, läßt vermuten, daß ihn das göttliche Wort

[4] Siehe dazu oben S. 35f.

nachts getroffen hat. Bis ins einzelne werden die Vorbereitungen geschildert mit einer ausgesprochenen Liebe zum Detail. So begnügt sich der Erzähler nicht damit mitzuteilen, Abraham habe Holz mitgenommen, er erwähnt auch noch, Abraham habe es vor dem Aufbruch gespalten. So wird der Aufbruch hinausgezögert. Abschließend wird noch einmal betont, daß sich Abraham nicht sua sponte zu diesem Gang anschickt, sondern auf göttliches Geheiß hin.

Vers 4

Welche Bewandtnis der dritte Tag hat, ist dem Text nicht zu entnehmen. Es scheint fast eine zufällige oder nur ungefähre Zeitbestimmung zu sein.[5] H. Graf Reventlow vermutet, es handle sich hier um einen Ausläufer des Prinzips der Dreizahl, solches sei in volkstümlichen Erzählungen üblich.[6] Zu denken gibt nur, daß auch in Ex 3,18; 5,3; 8,23[7] von einem drei Tagereisen währenden Zug in die Wüste, um dort zu opfern, die Rede ist. Auf diese Frage wird noch zurückzukommen sein.[8] Im Augenblick gilt es nur festzuhalten, daß der »dritte Tag« in 22,4 ziemlich unmotiviert erscheint, so man sich nicht den oben angeführten Deutungen anschließen will.

Vers 5

Durch die Trennung von den Knechten konzentriert sich das Interesse ganz auf Abraham und Isaak. Jetzt beginnt sich die Situation zuzuspitzen, die beiden sind allein. Ohne Zeugen wird sich das Folgende vollziehen. — Für sich genommen, klingt der Vers 5 recht harmlos. Abraham spricht nicht einmal von einem Opfer, geschweige denn von der Opferung Isaaks. Er will nur gehen, um an heiliger Stätte anzubeten. Dann werden sie wieder miteinander zurückkehren. Nur durch den Kontext gewinnt dieser Vers an Gewicht, erweisen sich die Worte Abrahams als Verschleierung des wirklichen Vorhabens.

---

[5] So Procksch, Genesis 316.

[6] Reventlow, Opfere deinen Sohn 56.

[7] Diese Stellen gehören gegen Procksch, Genesis 316, allesamt J an, ebenso 15,22 und Num 10,33.

[8] Siehe dazu unten IV,5.

Verse 6–8

Um so deutlicher weist der folgende Vers 6 auf das beabsichtigte Geschehen hin, indem Brandopferholz, Feuer und Messer erwähnt werden. »Der Knabe trägt die schwere Last, der Vater das Gefährlichere: Messer und Feuer (d. h. Kohlenbecken), daß sich Isaaq nicht schneide oder verbrenne: diese Vorsicht des Vaters, der doch seinen Sohn schlachten muß, ist ein besonders hübscher Zug.«[9] Hier zeigt sich wieder die ausmalende Umständlichkeit und liebevolle Ausführlichkeit des Elohisten, wie sie auch schon in V. 3 festzustellen war. Retardierend wird so die eigentliche Opferhandlung hinausgezögert. Dies gilt auch für das Gespräch in V. 7f. Die Handlung kommt und kommt nicht voran. Es entsteht der Eindruck, als scheue sich der Erzähler, wirklich fortzufahren und als lasse er sich deshalb immer noch etwas einfallen.

In eigenartig feierlicher Weise hebt das Gespräch in V. 7 an, in dem besonders auffällig die Vater-Sohn-Beziehung herausgestellt wird. Und ebenso auffällig ist, wie sich Abraham auf die Anrede durch Isaak meldet: »Hier bin ich.« Ist diese Antwort Abrahams auf den göttlichen Anruf hin in V. 1 und in V. 11 der Situation angemessen, so scheint in V. 7 doch fast zuviel des Guten getan zu sein. Jedenfalls entspricht das feierliche Hin und Her zwischen Vater und Sohn im Gesprächsauftakt nicht der üblichen Situation eines Vater-Sohn-Verhältnisses. Diese gewollte Feierlichkeit (nur der Ernst der Situation verbietet, von Gestelztheit zu sprechen) zielt wohl mehr auf die Antwort als auf die Frage hin. »Elohim wird sich das Schaf für das Brandopfer ersehen, mein Sohn.«

Diese Antwort ist keine verlegene Ausrede, wenn man berücksichtigt, was schon zu V. 1 ausgeführt wurde. Wenn nämlich die elohistische Erzählung wesentlich paradigmatisch ist und ein didaktisches Ziel verfolgt, dann wird in dieser Auskunft gewiß beispielhaft das absolute Gottvertrauen Abrahams aufgezeigt, der im Leben des verheißenen Sohnes diesen und damit zugleich die Sinnhaftigkeit seiner eigenen Existenz dem *›vorsehenden‹* Gott anheimstellt. Das ist das Gottvertrauen Abrahams, und so soll das Gottvertrauen Israels sein, auf das es der Elohist in seiner Erzählung mitabgesehen hat: sich in die göttliche Fürsorge hineinfallen lassen, nicht mehr auf Menschliches bauen, nur noch auf

[9] Gunkel, Genesis 237.

Gott blicken und auf ihn hoffen. Hier wird vom Elohisten für den Hörer bzw. Leser lautbar gemacht, was sich im Geschehen von Gen 22 in Wirklichkeit ereignet: Abraham liefert sich bedingungslos seinem Gott aus.

Nach dem Gespräch lastet wieder das beklemmende Schweigen auf dem gemeinsamen Gang, das nur für kurze Zeit durch das Gespräch unterbrochen war. Da dieser Dialog für den Fortgang der Handlung bedeutungslos ist — im Gegensatz zu den Gottesreden in den Versen 2 und 11f, die zuinnerst handlungsbezogen sind — und vor allem in seinem paradigmatischen Charakter erkannt sein will, muß man annehmen, daß das Gespräch mehr um des Hörers als um Isaaks willen mitgeteilt wird.

Da der Junge bereits Holz tragen und kluge Fragen stellen kann, müssen seit seiner Geburt (Gen 21,1b.6.8) schon mehrere Jahre vergangen sein. Die Zeit zwischen der Geburt Isaaks und seiner Opferung hat der Elohist in seiner Gesamtkonzeption geschickt durch die Erzählung von der Brunnenstreitigkeit (Gen 21,22-33) überbrückt.

Verse 9-10

Mit V. 9 setzt wieder Handlung ein, ein Übermaß an Handlung. Aber darstellungsmäßig liegt hier zweifellos höchste Meisterschaft vor. Das Geschehen wird nicht durch wortreiche Gespräche problematisiert und das Unsagbare nicht in sagbaren Unzulänglichkeiten zerredet, sondern in knappen Handlungsberichten dramatisiert. Auf Grund des göttlichen Auftrags weiß der Hörer, was am Ende der umfangreichen Vorbereitungen folgen wird, aber der Erzähler ist nicht willens, gleich darauf zuzugehen. So steigert er in einem handlungsreichen Hinhalten die quälende Spannung fast ins Unerträgliche. Abraham baut den Altar, rüstet das Holz zu, bindet den Isaak, legt ihn obenauf, streckt seine Hand aus und ergreift das Messer,[10] um endlich das Unvermeidliche zu vollziehen.

---

10 Weder die im Apparat der BH vorgeschlagene Umstellung noch die Ausscheidung von »und ergriff das Messer« durch Gunkel, Genesis 238, sind für den elohistischen Text gerechtfertigt. Siehe dazu Kilian, Abrahamsüberlieferungen 267. Die Disharmonie von V. 10 und V. 12 läßt sich mittels der Annahme einer elohistischen Bearbeitung des Grundbestandes von V. 10 erklären. Siehe dazu unten IV, 2.

Verse 11-12
Im letzten Augenblick, auf dem absoluten Höhepunkt, greift Gott ein. Hatte er sich bislang zurückgehalten, so zeigt sich jetzt doch, was bei der Auslegung von V.1 bereits angedeutet wurde, daß er die Fäden des Geschehens in der Hand hielt. Jetzt wird der gordische Knoten zerschlagen. Der Ruf, dem Buben nichts anzutun, läßt Abraham wie Hörer gleichermaßen aufatmen.
Die Begründung von V. 12b entspricht dem Erzählungsauftakt in V. 1: »Elohim versuchte Abraham.« Abraham hat die Prüfung bestanden, seine Gottesfurcht ist bewährt, denn er hat ihm den Sohn, sein Liebstes und seine Zukunft nicht vorenthalten. Auf diese Aussage hin ist die elohistische Erzählung konzipiert, in ihr gipfelt sie. Abrahams Gottesfurcht — gleichsam im Feuer erprobt — hat sich als echt erwiesen. So kann er denn auch zum Vorbild schlechthin werden.
Beim Elohisten birgt die Gottesfurcht kaum das Moment der numinosen Furcht, wiewohl Gottesfurcht im Alten Testament wesentlich auch Furcht vor dem Numinosen sein kann.[11] So ist sie auch in V. 12 keine »besondere gefühlsmäßige Reaktion auf die als *mysterium tremendum* erfahrene Wirklichkeit Gottes«[12]. Gottesfurcht ist in E eher ein Äquivalent für unsere Begriffe Religion und Frömmigkeit, freilich ohne daß sich die Begriffe vollkommen decken würden. Insofern Religion und Frömmigkeit unter dem Aspekt der sittlichen Haltung gesehen werden, entsprechen sie am ehesten dem elohistischen Vorstellungskomplex von Gottesfurcht.[13] Als geprägtem Begriff für rechtes religiöses Verhalten geht es diesem Terminus auch nicht nur um eine konkrete Gehorsamstat, sondern um eine ganzheitliche Grundhaltung, die sich dann allerdings auch in der konkreten Tat und angesichts konkreter Lebenswirklichkeiten zu bewähren hat. Vielleicht ist beim Elohisten so Gottesfurcht als lebendiger, sich je und je auswirkender Glaube zu umschreiben, der sich bezeugt im rechten Verhalten gegen Gott und gegen die Mitmenschen. So verstanden hat Abraham in Gen 22 in einer konkreten Situation durch sein Tun seine schon immer

[11] Zu den verschiedenen Ausprägungen des Begriffs Gottesfurcht als Furcht vor dem Numinosen, als Gottesverehrung (kultischer Begriff), als sittliche Haltung (sittlicher Begriff) und als Gesetzesbeobachtung (nomistischer Begriff) sei verwiesen auf Becker, Gottesfurcht.

[12] Von Rad, Genesis 206.

[13] Siehe dazu vor allem Becker, Gottesfurcht 184-198.

bestehende Glaubenshaltung, seine Religiosität, sein inneres Gottverbundensein beispielhaft unter Beweis gestellt.

Verse 13-14

Mit V. 11f ist der absolute Höhepunkt erreicht und zugleich überschritten. Doch die Erzählung bricht noch nicht ab, sie geht weiter. Abraham erblickt »hinten« einen Widder. Demnach ist der Widder hinter Abraham oder in einiger Entfernung im Hintergrund zu sehen gewesen. »Hinten« erklärt somit, warum Abraham ihn erst jetzt sieht. So muß dann auch nicht eigens dargelegt werden, wie das Tier auf einmal dorthin gekommen ist; es mag sich schon länger im Gestrüpp verfangen haben, von Abraham nur nicht bemerkt worden sein, eben weil es »hinten« war.[14] Es muß deshalb auch kein reines Wunder angenommen werden. Doch ist der Erzähler sicher überzeugt, daß sich der Widder nicht nur zufällig dort verfangen hat. Aber er geht dieser Frage nicht weiter nach. Man gewinnt fast den Eindruck, als sei ihm das gar nicht mehr so wichtig. Die Rettung des Kindes überschattet alles. Doch wird durch den Terminus technicus *tăḥăt* (= »anstelle von«) deutlich gemacht, daß das Tieropfer eine ganz eminente Beziehung zu dem hat, was bisher berichtet wurde. Es handelt sich um ein wirkliches Substitutionsopfer, um ein Ersatzopfer, das in der allgemeinen Religionsgeschichte von großer Bedeutung ist.

Im Anschluß an die von Abraham vollzogene kultische Handlung wird kurz die Benennung der Opferstätte mitgeteilt. Doch scheint auch dies mehr nebenbei zu geschehen. Für die theologische Aussage von E ist diese Namengebung offenbar irrelevant. Man kann aus V. 14a nicht schließen, Abraham habe diese Stätte deswegen »El sieht« genannt, weil er im Verlauf des ganzen Geschehens erfahren habe, daß Gott überwachend alles mitangesehen hat, um im entscheidenden Moment dann einzugreifen. Auch kann nicht begründet angenommen werden, der Name wolle besagen, daß Gott den Gehorsam Abrahams gesehen habe. Ebenso ist dem Text nicht zu entnehmen, Gott sei dem Abraham erschienen und deshalb sei es zu einer solchen Benennung gekommen, die heute nur falsch vokalisiert sei. Denn von alledem steht nichts im Text. So

---

[14] Es besteht somit keinerlei Veranlassung, *'ăḥăr* (= »hinten«) in *'ăḥad* (= »einer, ein einzelner«) abzuändern, wie es oft geschieht und auch in vielen Textzeugen belegt ist.

berichtet E expressis verbis nur von Auditionen, aber von keiner Vision. Und in der Begründung von V. 12b heißt es ausdrücklich »jetzt weiß ich« und nicht »jetzt habe ich gesehen«, obwohl das an sich möglich wäre. Höchstens könnte in E der Name der Stätte mit V. 8 in Verbindung gebracht werden, nach dessen Aussage Gott ein Gott ist, der sich etwas ersieht.[15] Aber auch das muß eine — freilich nicht unmögliche — Vermutung bleiben. Schließlich hätte der Elohist in diesem Fall ja nach V. 14a fortfahren können: »denn er hat sich ein Opfertier (Schaf) ersehen«. Aus dem Schweigen des Elohisten muß man schließen, daß er auf eine solche Deutung des Namens gar keinen besonderen Wert gelegt hat.

Vers 19

Zunächst führt dieser Vers auf die Situation von V.5 zurück, also auf eine Situation, die in der Erzählung selbst verankert ist. Der Rest des Verses, nämlich die Rückkehr nach Beerscheba, ist nicht in der Erzählung verankert, sondern in der elohistischen Gesamtkonzeption, nach der sich Abraham seit Gen 21 in Beerscheba aufhält. Mit V. 19 klingt die Erzählung endgültig aus. Alle Aufregung, jedwede Spannung sind gewichen. Das Leben geht weiter.

3. Zur Eigenart der elohistischen Erzählung

Wie bei der Auslegung von Gen 22 deutlich geworden ist, dominiert in dieser Erzählung das ätiologische Motiv, das besonders in V. 13f anklingt, nicht mehr. Deshalb kann man die *elohistische* Erzählung von Gen 22 auch nicht als ätiologische Erzählung bestimmen. Das ist allgemein anerkannt.[16] Dem Elohisten geht es in

---

[15] Aber diese Deutung dürfte der Eigenart des *'el jir'āē* nicht entsprechen. Zudem — um kurz vorzugreifen — zeigt der weitere Verlauf der Untersuchung, daß der Name *'el jir'āē* und V. 8 nicht derselben Traditionsschicht angehören. So könnte zwar V. 8 immer noch als elohistischer Deutungsversuch angesehen werden, doch kann dieser nicht den Anspruch erheben, die ursprüngliche Bedeutung wiederzugeben.

[16] Es genüge in diesem Zusammenhang auf das Nachwort von Rads, Genesis 208f, zu Gen 22 hinzuweisen. Reventlow, Opfere deinen Sohn 32ff, rennt mit seinen antiätiologischen Äußerungen offene Türen ein. Im Grunde erliegt er einem einzigen großen Mißverständnis. Wenn er nämlich von der ursprünglichen Gestalt und vom ursprünglichen Gehalt dieser Erzählung spricht, dann meint er seinen aaO. 52f rekonstruierten

seiner Darstellung des Geschehens nicht um eine Konfrontation mit heidnischen Menschenopferkulten, nicht um eine Auslösung und Substitution des von der Gottheit einst geforderten und später erlassenen Kinderopfers, auch nicht um die Kultsage eines ohnehin nicht mehr bekannten Heiligtums, ja es geht ihm wohl nicht einmal mehr um die tatsächlich geforderte und dann zurückgenommene Opferung Isaaks, sondern — wie aus der Einleitung »Elohim versuchte Abraham« hervorgeht — um eine Versuchungsgeschichte Abrahams. Und als solche hat sie die Funktion, den Glaubensgehorsam und die Gottesfurcht Abrahams als echt zu erweisen.

Berücksichtigt man ferner, daß der Elohist die Tendenz erkennen läßt, Abraham als Vorbild, auch als sittliches Vorbild erscheinen zu lassen, dann wird man darüber hinaus noch annehmen müssen, daß in dieser Versuchungsgeschichte echter Glaubensgehorsam und echte Gottesfurcht vorbildlich und beispielhaft an der Gestalt

---

Text, den er ausdrücklich als die »älteste Erzählungsform« von Gen 22 deklariert. Doch dieser Text weicht — von VV. 1a.12b abgesehen — umfangmäßig nur wenig ab von dem, was hier in dieser Studie und andernorts von anderen Autoren als E-Text ausgegeben wird. Wenn jedoch Gunkel, Noth, von Rad, Kilian und übrigens auch Westermann (Arten der Erzählung 71f, der außer einer älteren auch eine noch ältere Gestalt vermutet; siehe dazu unten Anm. 20) von der ältesten Fassung reden, dann meinen sie eben nicht die von Reventlow eruierte oder eine ihr ähnliche Größe, sondern eine wesentlich ältere Vorlage, ohne freilich im einzelnen genau anzugeben, was dieser Vorlage zugehört. Wenn Reventlow, Opfere deinen Sohn 65, es für müßig hält, seinen Text noch weiter zu hinterfragen — obwohl er offenbar doch auch bereit ist, für eine noch ältere Fassung mit dem Gottesnamen El zu rechnen, ja sogar erkennt, daß manche Züge auf ein ursprünglich kanaanäisches Vorbild deuten (ebd.) — und zu dem Schluß kommt, überlieferungsgeschichtlich weiter zurückzufragen sei »bloße Spekulation«, so sei ihm dieses Privaturteil unbenommen. Nur hat er dann das Recht vergeben, sich mit — seiner Ansicht nach — veralteten Thesen der oben genannten Autoren auseinanderzusetzen, weil diese Autoren ja ein ganz anderes Überlieferungsstadium im Auge haben als er, nämlich ein wesentlich älteres. Da er es dennoch tut, beginnt ein großes Aneinander-Vorbeireden. Von seinen Voraussetzungen aus hätte er nur darlegen können, allerdings auch beweisen und nicht nur behaupten müssen (wie es aaO. 65 geschieht), daß man nicht einmal motivmäßig über seinen Text hinaus zurückfragen kann. Diesen Nachweis ist er freilich schuldig geblieben und wird ihn immer schuldig bleiben müssen. — Auf seine stilkritischen Beobachtungen wird unten (IV, 4) zurückzukommen sein.

Abrahams aufgezeigt werden. Dieser Tendenz würde nicht zuletzt auch der bei E wesentlich sittlich geprägte Begriff der Gottesfurcht entsprechen, sich zumindest gut einfügen. Ob dieses paradigmatischen Zuges der E-Rezension wird man nicht umhin können, die Erzählung von der Opferung Isaaks als eine *Lehr-Erzählung* zu bestimmen. Ist dies vielleicht nicht das einzige Ziel der elohistischen Darstellung, so doch gewiß ein wesentliches.

Auch C. Westermann versteht die E-Fassung als Erprobungsgeschichte und fährt fort: »Hinter dieser Gestalt (sc. der Erzählung) steht ganz deutlich gedanklich-theologische Arbeit, steht der ausgesprochen theologische Begriff des nissāh, des Erprobens oder Prüfens. Dieser Begriff, der Erzählung thematisch vorangestellt, weist über die beiden einfachen Grunderfahrungen des Gotteswirkens, der Erfahrung seiner Zuwendung in Rettung und Bewahrung, seiner Abwendung in Schlägen und Unheil auf eine dritte Möglichkeit: das Erfahren von Unheil kann durch etwas anderes bewirkt sein als durch Gottes Abwendung im Zorn; es kann dahinter Gottes Absicht stehen, einen Menschen zu erproben. Diese Möglichkeit wird in einer Erzählung dargestellt, Gen 22 ist erzählte Theologie. Hier hat das Erzählen eine andere, neue Funktion bekommen: die Gestaltung theologischer Fragen und Aussagen.«[17] Diese Auffassung widerspricht jedoch keineswegs den zuvor getroffenen Feststellungen. Denn die in Gen 22 erzählte Theologie ist nicht Theologie und Erkenntnis um ihrer selbst willen, auch sie zielt auf den Hörer hin, der am Paradigma Abraham über eine neu erfahrene göttliche Möglichkeit und deren theologische Erkenntnis belehrt wird. Das paradigmatische und didaktische Moment ist also so oder so gewährleistet.[18]

---

[17] Westermann, Arten der Erzählung 72.

[18] Es mag hier angemerkt sein, daß israelitische Geschichtsschreibung überhaupt nicht nur Fakten wiedergeben will, sondern ihrem ganzen Wesen nach didaktisch und in gewisser Weise auch pragmatisch ist. Sie will einerseits die inneren Zusammenhänge aufzeigen und den Leser bzw. Hörer belehren, zielt andererseits aber auch in eben dieser Belehrung auf ein bestimmtes Tun, zumindest auf eine bestimmte Erkenntnis und religiöse Haltung hin, nämlich auf den Glauben Israels. Das gilt, wenn zunächst auch noch etwas verhalten, aber sich immer stärker entfaltend, für die Geschichte von der Thronnachfolge Davids — sie ist das älteste Zeugnis israelitischer Geschichtsschreibung —, für den Jahwisten, den Elohisten, das deuteronomistische Geschichtswerk, die Priesterschrift und das chronistische Geschichtswerk.

Ist so die elohistische Eigenart und Tendenz von Gen 22 in ihren wesentlichen Zügen erkannt, so muß man andererseits doch zugestehen, daß diese Erzählung trotz ihrer elohistischen Abzweckung auch noch einen ätiologischen Zug aufweist, zwar nicht mehr in ihrem theologischen Ziel und in typisch elohistischen Aussagen, wohl aber im Wortlaut einzelner Verse sowie in der Grundstruktur. Berücksichtigt man nämlich, was oben in der formgeschichtlichen Klärung von V. 14 ausgeführt wurde,[19] dann ist die so gestaltete Benennung der Stätte im Anschluß an einen Bericht, der um diese Stätte und um ein bestimmtes Tun an dieser Stätte kreist, als eine Ätiologie zu bestimmen. Und da in V. 13 ein kultisches Geschehen berichtet wird, auch wenn es den Anschein hat, privater Natur zu sein, so muß ob dieser Gegebenheiten doch mit einem kultätiologischen Motiv gerechnet werden. Da überdies eine ganz bestimmte Stätte — auch wenn sie uns nicht mehr bekannt ist — einen ganz bestimmten Namen erhält, muß man zumindest motivmäßig in Gen 22 mit einer Kultätiologie eines alten Heiligtums rechnen.

Dieser Tatbestand ist deshalb besonders auffällig, weil die elohistische Fassung von Gen 22 gerade nicht ätiologisch orientiert ist. Die Möglichkeit, die Verse 13 und 14a, in denen das Ätiologische am stärksten zum Vorschein kommt, aus der elohistischen Schicht als spätere kultätiologisch orientierte Zusätze auszuscheiden, verbietet sich, da sich dafür weder literarkritische noch formgeschichtliche noch stilkritische Gründe und Kriterien beibringen lassen. Wenn aber trotz der andersartigen Tendenz der E-Erzählung in ihr noch ein kultätiologisches Motiv bezeugt ist, und wenn dieses Ätiologische, wie die Exegese gezeigt hat, in der E-Fassung selbst nicht akzentuiert ist, sondern eher nur beiläufig berichtet wird, was darauf schließen läßt, daß E dieses Motiv nicht selbst beigesteuert hat, dann spricht die Wahrscheinlichkeit zunächst dafür, daß es sich in diesem Motiv um ein vorelohistisches Moment handelt.

4. Das ätiologische Motiv in Gen 22

Bei der Frage nach dem ätiologischen Motiv in Gen 22 sollen zunächst einmal *rein hypothetisch* zwei Möglichkeiten aufgezeigt

[19] Siehe dazu oben II, 2c.

werden, die das Vorkommen dieses Motivs in der jetzigen elohistischen Fassung zu erklären vermögen.

Nimmt man mit H. Graf Reventlow an, die Urfassung von Gen 22 sei »eine Geschichte von der Bedrohung des Sohnes und ihrer glücklichen Abwendung« und sei als »Familiengeschichte« zu bestimmen,[20] dann muß man das ätiologische Motiv als eine spätere — wenn auch vorelohistische — Erweiterung verstehen, die der Erzählung von der Rettung des Kindes aus uns unbekannten Gründen (im vorliterarischen Stadium) zugewachsen ist. Man muß also mit zwei ursprünglich einander fremden Motiven rechnen. Denn man kann nicht recht wahrscheinlich machen, daß aus der Familiengeschichte selbst das ätiologische Moment erwachsen ist. Schwierigkeiten entstehen dieser Hypothese also nur, wenn erklärt werden soll, warum überhaupt der Familiengeschichte eine vollständige Kultätiologie oder ein kultätiologisches Motiv zugewachsen sein soll. Wenn nämlich jemand die beiden verschiedenen Motive mit ihrem je verschiedenen Sitz im Leben zusammengefügt hat bzw. wenn bestimmte Umstände zu diesem Zusammenwachsen geführt haben, dann muß jemand an dieser Erweiterung um die Kultätiologie oder das kultätiologische Motiv interessiert gewesen sein, gleich ob es ein einzelner war oder irgendeine Gemeinschaft, die die verschiedenen Motive tradiert hat. Warum wird aber dann das

[20] Reventlow, Opfere deinen Sohn 57.61. Hierbei kann sich Reventlow jedoch nur teilweise auf Westermann stützen, der zur Überlieferungsgeschichte von Gen 22 ausführt: »Besonders *von Rad* hat in seiner Auslegung gezeigt, wie hinter dieser letzten Gestalt eine ganze Reihe älterer Schichten erkennbar werden. Als eine dieser älteren Formen wird von manchen Auslegern eine Kultätiologie gesehen, die den Namen des Opferberges erklären soll. Auch hier scheint mir diese Ätiologie zwar ein wichtiger Zug, nicht aber das eigentliche Ziel einer älteren Gestalt der Erzählung zu sein, in der noch nicht alles auf die Erprobung Abrahams abgestellt war. Ein wohl noch älterer, vielleicht aber mit dem anderen verbundener ätiologischer Zug war die Erklärung der Ablösung des Opfers des Erstgeborenen durch ein Tieropfer, die ja auch im Bundesbuch belegt ist. Der Kern der älteren Form der Erzählung aber scheint mir die Rettung des zum Opfer bestimmten Sohnes gewesen zu sein« (Westermann, Arten der Erzählung 71). Wenn Reventlow daraus nur den letzten Satz zitiert (Opfere deinen Sohn 60), so unterschlägt er, daß Westermann in der Tat mit einer noch älteren Gestalt der Erzählung zu rechnen scheint, der er aber selbst nicht mehr weiter nachgeht. Auf jeden Fall nimmt Westermann das ätiologische Motiv nicht gar so auf die leichte Schulter wie Reventlow.

ätiologische Motiv so vernachlässigt? Man muß bei dieser Möglichkeit somit ferner annehmen, daß die Vernachlässigung des Ätiologischen erst einige Zeit nach der wie immer auch geschehenen Vereinigung der beiden Motive stattgefunden hat. Eine solche Annahme ist nicht unmöglich, doch kompliziert sie unnötig die Genesis der Gesamterzählung. Das ätiologische Motiv lediglich als erzählerisches Motiv zu bestimmen, das nur aus erzählerischen Gründen der Familiengeschichte zugewachsen ist,[21] geht nicht an, weil die Kultätiologie ein zu großes — wenn auch später vernachlässigtes — Eigengewicht hat. Schließlich handelte es sich bei diesem Motiv einmal um die Ätiologie eines ganz bestimmten El-Heiligtums, das einen ganz bestimmten ätiologisch begründeten Namen getragen hat. Auch läßt sich der in V. 13 klar ausgesprochene Kultbrauch des Substitutionsopfers nur sehr schwer als erzählerisches Motiv verstehen.

Nimmt man als zweite Möglichkeit dagegen an, beim ältesten Stadium von Gen 22 handle es sich ursprünglich nur um ein ätiologisches Motiv bzw. um eine wirkliche ätiologische Erzählung, dann ergibt sich für die Entfaltung bis zum heutigen Text ein verhältnismäßig einfacher und einigermaßen einleuchtender Entwicklungsprozeß. Die Ätiologie dürfte — wenn man vom jetzigen Text ausgeht — dergestalt gewesen sein, daß sie den kultischen Brauch eines Ersatzopfers, der dem *'el jir'āē* an seiner heiligen Stätte *'el jir'āē* dargebracht wurde, erklärt und ätiologisch begründet hat, indem sie zu berichten wußte, daß die Gottheit selbst auf Kinderopfer verzichtet und an dessen Stelle ein Tieropfer angeordnet hat. Und das sei so geschehen: Als einst ein Vater sich daran machte — wie vor ihm schon andere — seinen Sohn am Heiligtum des *'el jir'āē* zu opfern, da habe ihm die Gottheit geboten, dem Kind nichts anzutun. Da sich in unmittelbarer Nähe der Opferstätte ein Widder befunden hat, der doch wohl durch den Willen der Gottheit dorthin gekommen war, konnte der Vater erkennen, daß sich *'el jir'āē* mit einem Tieropfer begnügen wollte. Daraufhin hat er dann den Widder geopfert und so den Brauch begründet, an diesem Ort Tieropfer als Substitutions- oder Auslöseopfer darzubringen.[22] Warum die hei-

[21] So Reventlow, Opfere deinen Sohn 54.

[22] Es bestünde auch die noch »profanere« Möglichkeit: Als einst ein Vater seinen Sohn opfern wollte, habe er, als er an der heiligen Stätte ankam, dort einen Widder erblickt und daraus geschlossen, die Gott-

lige Stätte hierbei ihren Namen erhielt, wahrscheinlich hat sie doch schon länger so geheißen, können wir nicht mehr ausmachen, weil V. 14a keine Begründung bzw. Erklärung mit sich führt und wir so nicht wissen, was es mit dem Sehen dieses El für eine Bewandtnis hat. Zudem ist auch nicht sicher, ob der ursprüngliche Name der Stätte in V. 14a noch voll und richtig erhalten ist.

Diese zweite Hypothese hat den unbestreitbaren Vorteil, daß sie mit einem einzigen ursprünglichen Motiv auskommt. Denn die ›Rettung des zum Opfer bestimmten Sohnes‹ ist in der Kultätiologie bereits mitangelegt und mußte später nur noch entfaltet werden, d. h. das kultätiologische Motiv — mit seinen Elementen: Ersatzopfer und Namengebung — birgt keimhaft bereits das Motiv der ›Rettung des zum Opfer bestimmten Sohnes‹. Geriet später nun das Heiligtum von *'el jir'āē* mehr und mehr in Vergessenheit — und diese Möglichkeit ist mehr als wahrscheinlich, weil ja später nicht einmal mehr der Name des Heiligtums in Israel bekannt war und als Landschaftsname verstanden werden konnte (V. 2) —, erfreute sich die ätiologische Erzählung aber einer gewissen Beliebtheit, dann waren die Voraussetzungen gegeben, daß sich die ätiologische Erzählung nicht nur mehr und mehr von ihrem Haftpunkt löste, sondern daß sie sich nach und nach zur nicht mehr kultbezogenen Erzählung von der ›Rettung des zum Opfer bestimmten Sohnes‹ entwickelte. Damit geriet dann natürlich auch das eigentlich ätiologische Anliegen in Vergessenheit. Es wurde zwar noch als fester Bestandteil der Erzählung tradiert,[23] aber nicht mehr sonderlich beachtet. So konnte dann auch die ursprüngliche Kultätiologie zur Familiengeschichte werden, in der sich die Linie der Erzählung nicht mehr mit der Linie der Ätiologie deckt. Ist anzunehmen, daß die ätiologische Erzählung einst in V. 13f kulminierte, also in der Begründung des Tieropferbrauches und in der Benennung der heiligen Stätte, auch wenn wir nicht mehr um den ursprünglichen Zusammenhang von

---

heit wolle künftig keine Kinderopfer mehr, sondern statt dessen Tieropfer. Das explizite Sprechen der Gottheit könnte so bereits einer späteren Entfaltung angehören, um den Willen der Gottheit noch deutlicher werden zu lassen. Doch ist keine Sicherheit zu erlangen, welche Version die ursprüngliche war.

[23] Doch kann nicht ausgeschlossen werden, daß durch die Verlagerung des Interesses und des Akzentes auch einzelne Züge der einstigen ätiologischen Erzählung verlorengegangen sind.

Opferbrauch und Namengebung wissen, so findet die Erzählung von der ›Rettung des zum Opfer bestimmten Sohnes‹ ihren Höhepunkt und zugleich ihre Lösung in der befreienden Gottesrede von V. 12, wie ja auch Verwicklung, Spannung und Lösung dieser Erzählung anders sind als in der kultisch orientierten Ätiologie.[24]
Die Umgestaltung der Kultätiologie in die Familiengeschichte von der ›Rettung des zum Opfer bestimmten Sohnes‹, in deren Vollzug die einstige kultätiologische Erzählung zum nicht mehr sonderlich beachteten ätiologischen Motiv wurde, kann nicht gut erst das Werk des Elohisten sein, auf ihn geht die Umdeutung in eine Versuchungsgeschichte zurück. Im übrigen wird man sich hüten müssen, von einer bewußten Umgestaltung zu sprechen. Es handelt sich dabei eher um einen sich langsam vollziehenden Prozeß, der sich zusammen mit der allmählichen Loslösung der Erzählung von ihrem ursprünglichen Haftpunkt nach und nach vollzogen hat. Im Gegensatz dazu ist die Umdeutung durch den Elohisten in eine Versuchungsgeschichte als eine bewußte Umdeutung zu verstehen bzw. als eine theologische Durchdringung und Ausdeutung des ihm überkommenen Überlieferungsstoffes.
Diese Ausführungen haben gezeigt, daß man bei der Frage nach dem ätiologischen Motiv in der elohistischen Erzählung wohl mit zwei Möglichkeiten zu rechnen hat. Dabei dürfte die zuletzt aufgezeigte Möglichkeit, die annimmt, daß die Erzählung von der ›Rettung des zum Opfer bestimmten Sohnes‹ aus der einstigen kultätiologischen Erzählung herausgewachsen ist und dieselbe zum ätiologischen Motiv degradiert hat, den Vorzug verdienen, weil sie ungezwungener die traditionsgeschichtliche Entwicklung des Gesamtstoffes zu erklären bzw. wahrscheinlich zu machen vermag. Diese Ungezwungenheit ist freilich kein absolut sicheres Kriterium,

---

[24] Westermann, Arten der Erzählung 40, umschreibt diesen Sachverhalt ganz allgemein so: ». . . eine Erzählung dichtet ein Geschehen von einer Spannung zu einer Lösung, dann kann eine ätiologische Erzählung dieses Typs nur eine solche sein, in der der Weg von der Frage, die die Ätiologie auslöst, zur Antwort, die der ätiologische Schluß gibt, sich deckt mit dem Bogen, der von der Spannung zur Lösung führt. Daneben aber kann es eine Fülle anderer Möglichkeiten geben, in der die Linie der erzählenden Beantwortung einer Frage und die Linie der Erzählung sich nicht decken, bis hin zur Antwort in einer bloßen Notiz oder ätiologischen Auskunft, die von einer wirklichen Erzählung weit entfernt ist.« — Zum Wesen der Familiengeschichte siehe Westermann, aaO. 36ff.

mitunter sind nämlich gerade die verwickelten Entstehungsprozesse die wirklichen. Aber es sollte hier auch gar keine Entscheidung für diese oder jene Möglichkeit getroffen werden. Vielmehr sollte aufgezeigt werden, daß man bei der Frage nach dem zwar noch überlieferten, aber erzählerisch vernachlässigten ätiologischen Motiv in der elohistischen Erzählung unweigerlich in die Vorgeschichte von Gen 22 verwiesen wird, und zwar in ein Stadium dieser Vorgeschichte, das weiter zurückliegt als das Stadium der von H. Graf Reventlow angenommenen Urfassung. Die Frage nach der Vorgeschichte des ätiologischen Motivs, die zugleich die Frage nach der Vorgeschichte der Erzählung von der ›Rettung des zum Opfer bestimmten Sohnes‹ sein dürfte, wird von der späteren elohistischen Erzählung selbst gefordert; sie ist also keine willkürliche und unangemessene Spekulation und vor allem keine Spielerei, selbst dann nicht, wenn keine eindeutige Beantwortung dieser Frage möglich wäre und man sich mit tastenden Versuchen begnügen müßte.

Abschließend soll der eben verhandelte Sachverhalt noch durch ein Zitat aus den Ausführungen G. von Rads zur Vorgeschichte von Gen 32,23-33 (Jakobs Kampf am Jabbok) verdeutlicht werden, das zugleich das Verständnis für die im folgenden zu behandelnden Fragen zu wecken vermag. »Mehr als bei anderen alten Väterüberlieferungen wird uns bei dieser Erzählung etwas von dem langen Gestaltungsprozeß deutlich, dem dieser Stoff in weiten geschichtlichen Zeiträumen unterworfen war. Viele Generationen haben an ihm geformt und gedeutet; er war jahrhundertelang in Bewegung, bis er zu der endgültigen Gestalt erstarrt ist, in der er jetzt vorliegt. Das Wissen um eine so lange Vorgeschichte ist aber nicht nur eine Angelegenheit der Spezialwissenschaft, sondern das geht jeden an, der hier erklären will, denn nur dadurch kann der Leser gegenüber einer eilfertigen Frage nach ›dem‹ Sinn dieser Erzählung vor falschen Erwartungen bewahrt werden. In unserer abendländischen Literatur gibt es wohl kaum Beispiele für diese Art von Erzählungen, die mit einer so enormen Stabilität in formaler Hinsicht eine solche inhaltliche Weiträumigkeit verbinden. An ihnen haben, wie an einem alten Haus, viele Generationen herumgebaut; mancherlei Inhalte sind hier im Lauf der Zeit eingestellt, manches ist auch wieder abgestoßen worden, das meiste davon ist ihnen aber dauernd geblieben.«[25]

[25] Von Rad, Genesis 279.

Was G. von Rad hier zur überlieferungsgeschichtlichen Entwicklung von Gen 32,23-33 ausführt, das gilt weithin auch — mutatis mutandis — für die Überlieferungsgeschichte von Gen 22, auch wenn es hier nicht ganz so augenfällig ist. Wenn wir das Bild vom Haus, das später immer wieder umgebaut wurde, ohne daß die tragenden Mauern ersetzt werden konnten, die Grundstruktur also erhalten blieb, und in das Neues eingestellt wurde, noch weiter verfolgen wollen, dann muß — bildlich gesprochen — auch damit gerechnet werden, daß frühere Fensteröffnungen später zugemauert wurden und so manches ins Dunkel geriet, was früher im hellen Licht war, ja daß sogar ganze Räume zugemauert wurden, so daß wir sie nicht mehr betreten können, wohl aber zu erkennen vermögen, daß sich hinter einer aufgezogenen Wand noch ein weiterer Raum befinden muß. Und umgekehrt darf man annehmen, daß frühere Nebenräume, die einst unbedeutend und dunkel waren, durch die Brechung neuer Fensteröffnungen auf einmal ins helle Licht gerieten und zu Haupträumen umgestaltet wurden.
Würde sich ergeben, daß auch Gen 22 eine sehr lange Vorgeschichte hat — und die Frage nach dem ätiologischen Motiv hat doch zumindest den Anschein erweckt, als ob dem so wäre —, dann ist allerdings auch nicht mehr gewährleistet, daß die biblische Abrahamsgestalt von allem Anfang an mit dem ältesten Motiv verbunden war. Das mehrfache Vorkommen eines bekannten Personennamens in einer Tradition besagt nämlich nicht eo ipso schon die Ursprünglichkeit dieses Namens in dieser Tradition.[26] Dieser Name könnte sehr wohl auch einen anderen verdrängt haben oder einer namenlosen Erzählung bzw. einem namenlosen Motiv zugewachsen sein.[27]

---

[26] Es sei denn, der Name wäre in der Tradition selbst fest verankert, wie z. B. Isaak in Gen 26,8 durch *m^e ṣāḥeq*.

[27] Wenn Reventlow, Opfere deinen Sohn 53, aus dem Vorkommen des Abrahamnamens in Gen 22 folgert: »Überlieferungsgeschichtlich ergibt sich daraus, daß der Grundbestand von Gen 22 ein genuiner Bestandteil der Abraham-Überlieferung ist«, so ist das nur richtig, wenn man als Urfassung von Gen 22 jenes Stadium ansieht, das Reventlow, aaO. 52f, als Urfassung bestimmt. Fragt man jedoch auch noch über diesen Text hinaus weiter in die Vorgeschichte zurück, dann ist eine solche Schlußfolgerung nicht mehr möglich. Die Frage nach der Ursprünglichkeit des Abrahamnamens muß dann mit Hilfe anderer Kriterien entschieden werden.

IV. DIE VORGESCHICHTE VON GEN 22

1. Vorbemerkungen

In diesem Kapitel wird der Versuch unternommen, nicht nur bis zu einer vielleicht möglichen literarischen Vorlage des Elohisten vorzustoßen, sondern darüber hinaus bis in die vorliterarische Geschichte dieses Überlieferungsstoffes vorzudringen. Doch muß man sich bei der Frage nach dem vorliterarischen Stadium bzw. nach den vorliterarischen Stadien darüber im klaren sein, daß jede Erhellung überlieferungsgeschichtlicher Fragen bei Texten, die unter Umständen nicht nur jahrzehnte-, sondern jahrhundertelang nur mündlich weitergegeben wurden, weithin ein Vorstoß in dunkles Land ist, bei dem Um- und Irrwege ganz unvermeidlich sind.[1] Man wird dabei auch häufig nicht über einen gewissen Wahrscheinlichkeitsgrad hinauskommen. Doch entbindet das nicht, wie oben bereits deutlich gemacht wurde, von der Pflicht zurückzufragen, wenn mit einer solchen Vorgeschichte zu rechnen ist.
Um in die Vorgeschichte eines bestimmten Textes einzudringen, kann man sich nicht irgendwelcher apriorischer Prinzipien bedienen, da uns das Wesen des Ursprünglichen ja nicht schon von vornherein bekannt ist. Man muß vielmehr vom literarisch fixierten Text ausgehen und ihn selbst befragen. Man muß auf all seine Eigenarten, inhaltlicher wie sprachlicher Art, achten und diese Eigenheiten zum Ausgangspunkt der weiteren Überlegungen machen. Nur so ist einigermaßen gewährleistet, daß man nichts Fremdes an den Text heranträgt und der Text nicht dem Nichttextgemäßen geopfert wird. Daß man sich dabei zumeist mit dem Konjunktiv, mit dem Aufzeigen von Möglichkeiten und Wahrscheinlichkeiten begnügen muß, liegt in der Natur der Sache selbst begründet. Doch sollte trotzdem die gebotene Vorsicht nicht so übertrieben werden, daß man sich jeder Schlußfolgerung enthält. Denn eine sich etwa herauskristallisierende Konvergenz verschiedener Wahrscheinlichkeiten, die andere Möglichkeiten wiederum ausschließt, führt doch zu einer mehr oder minder großen Sicherheit des Urteils. Ob man ein wohl abgewogenes Schlußurteil dann als verwertbares Ergebnis, als These oder gar nur als Hypothese

[1] Vgl. Eißfeldt, Pentateuchkritik 200.

zu bezeichnen hat, hängt ganz von dem jeweils erreichten Grad der Evidenz ab.

Wendet man diese allgemeinen Feststellungen nun auf die Tradition von Gen 22 an, dann heißt das: man muß zunächst auf die Eigenarten des Textes achten, auf bestimmte Termini und Wendungen, auf die inhaltlichen Aussagen und Motive. Ergeben sich daraus gewisse Hinweise, muß versucht werden, ob man an Hand dieser Hinweise Ursprüngliches von späteren Ergänzungen scheiden kann oder nicht. Dabei treten gerade bei der E-Quelle noch besondere Schwierigkeiten auf. Vergleicht man nämlich z. B. die jahwistische Hagargeschichte (Gen 16) mit der elohistischen (Gen 21,10-21), dann stellt sich heraus, daß die ätiologischen Motive von Gen 16,11-14 in der E-Erzählung schon nicht mehr wirklich ätiologische Motive sind, sondern bereits erzählerisch aufgelöst und zu erzählerischen Motiven geworden sind. So ist zwar auch noch in der elohistischen Version von einem Brunnen die Rede, aber er wird nicht mehr wie in J als altes Brunnenheiligtum verstanden, sondern dient nur mehr dazu, Wasser daraus zu schöpfen, das der Lebenserhaltung dient. Das Brunnenmotiv ist in E somit reines Erzählmotiv. Nun ist man zwar in Gen 21,10-21 auf Grund bestimmter Kriterien in der glücklichen Lage, feststellen zu können, daß diese Veränderung des Brunnenmotivs nicht erst das Werk des Elohisten ist, sondern schon in der von ihm aufgegriffenen Tradition vorgegeben war. Beim ätiologischen Ismaelmotiv von Gen 16,11, das in Gen 21,16-18 ebenfalls belegt ist, liegen dagegen die Verhältnisse schon komplizierter, und das nicht nur weil das eine Mal Hagar weint und das andere Mal das Kind, sondern weil hier zwar noch die Elemente des Ismaelnamens vorkommen, jedoch nicht mehr die Namengebung. Und hier hat man nun nicht die Möglichkeit, diesen Sachverhalt allein auf die Vorlage von E zurückzuführen. Sie könnte in der Tat auch noch die Namengebung enthalten haben. Nach der elohistischen Konzeption kann jedoch an dieser Stelle keine Namengebung mehr erfolgen, weil für E — auch wenn es nicht expressis verbis gesagt ist — anzunehmen ist, daß Ismael, der in E in der Wohngemeinschaft Abrahams geboren und dort einige Jahre aufgewachsen ist — immerhin ist inzwischen auch Isaak geboren und entwöhnt (21,1b. 6.8f) —, dort auch schon seinen Namen bekommen hat. Somit muß man damit rechnen, daß der Elohist selbst es war, der, um seiner Gesamtkonzeption willen, die Namengebung in 21,17f weggebrochen und so das ätiologische Motiv in ein erzählerisches aufgelöst hat, in dem nur mehr etymologisch mit dem Ismaelnamen gespielt wird.[2]

Dieses Beispiel zeigt, daß die bei E wiederholt zu findenden Auflösungs- und Erweichungserscheinungen älterer Traditionen nicht nur auf die jeweiligen literarischen Vorlagen und mündlichen Traditionen, aus denen der Elohist geschöpft hat, zurückgehen, sondern auch auf den Elohisten selbst, der das, was er vorgefunden, erzählerisch verändert oder ausgestaltet hat.[3] Da nun der Elohist sein Metier offenbar meisterhaft beherrscht hat, wird es mitunter schwer sein, im folgenden genau zu unterscheiden, was auf seine eigene Hand zurückzuführen ist und was seiner schriftlich oder mündlich tradierten Vorlage entstammt.

Nimmt man für Gen 22 einmal rein hypothetisch an, die Familiengeschichte von der ›Rettung des zum Opfer bestimmten Sohnes‹ sei die unmittelbare — mündliche oder schriftliche — Vorlage des Elohisten gewesen, der diese dann zu einer Versuchungsgeschichte umgestaltet hat, dann kann das zur Folge haben, daß es im einzelnen schwierig sein wird, genau abzugrenzen, was etwa der Erzählung von der ›Rettung des zum Opfer bestimmten Sohnes‹ angehört und was der elohistischen Bearbeitung. Es ist nämlich sehr wohl mit der Möglichkeit zu rechnen, daß der Elohist das eine oder andere Moment der Familiengeschichte vorgefunden und aufgenommen, es jedoch anders formuliert und für seine Intention abgezweckt hat, so daß es heute als ganz und gar der Versuchungsgeschichte zugehörig erscheint.[4] Nimmt man dazuhin

---

[2] Zur Begründung der hier aufgezeigten Textverhältnisse in Gen 21,10-21 siehe Kilian, Abrahamsüberlieferungen 231-249. Doch würde ich jetzt — entgegen meiner früheren Annahme — die Verheißung von V. 18b nicht mehr der Grundschicht, sondern der vorelohistischen Erzählschicht zuordnen. In der synoptischen Textdarstellung (aaO. 249) gehört von V. 17 »der Bote Gottes . . . vom Himmel her und sprach zu ihr: Was ist dir, Hagar?« nicht in die zweite, sondern in die dritte Spalte (vgl. aaO. 246).

[3] So wird in der elohistischen Hagargeschichte der allenthalben festzustellende warme und menschliche Grundton der Erzählung vom Elohisten in den Versen 11-13 noch weitergeführt und verstärkt. Und in 21,16* macht er lautbar, was seine Vorlage zwar schon implizit geborgen, aber noch nicht expressis verbis ausgesagt hat.

[4] Prüft man an verschiedenen Einheiten nach, wie sich J und E gegenüber vorgegebenen Traditionen verhalten, wie sie damit umgehen, was und wie sie verändern, auslassen oder ergänzen, so entsteht zu-

und wiederum einmal rein hypothetisch noch an, die Erzählung von der ›Rettung des zum Opfer bestimmten Sohnes‹ sei aus einem kultätiologischen Motiv oder gar aus einer kultätiologischen Erzählung herausgewachsen, dann ergibt sich noch die weitere Möglichkeit, daß ein aufgespürtes Moment, das älter ist als E, nicht erst der postulierten Familiengeschichte angehört, sondern schon dem noch älteren ätiologischen Motiv bzw. der ätiologischen Erzählung. Somit kann es im folgenden sehr wohl geschehen, daß ein Text oder ein Motiv als elohistisch ausgesondert wird, der bzw. das in Wirklichkeit nicht E selbst, sondern der Erzählung von der ›Rettung des zum Opfer bestimmten Sohnes‹ zugehört. Andererseits kann auch etwas der ursprünglichen Erzählung oder dem ursprünglichen Motiv zugeordnet werden, was unter Umständen erst der Familiengeschichte angehört. Bei der Frage nach der Vorgeschichte von Gen 22 werden also die Grenzen nicht immer ganz exakt zu ziehen sein.[5]

Nach diesen grundsätzlichen Einschränkungen, die das Folgende in das rechte Licht zu rücken vermögen, kann nun mit der näheren Sichtung der elohistischen Erzählung von Gen 22 begonnen werden.

2. Eigenheiten der E-Erzählung

Vers 12a

Schon bei ganz oberflächlicher Betrachtung fällt terminologisch auf, daß in der alles entscheidenden Gottesrede von V. 12a Isaak nur als *năʿăr* (= »Knabe«) bezeichnet wird, während er in der sich anschließenden Begründung von V. 12b schon wieder »dein

mindest der Eindruck, als ob der Elohist etwas freier und souveräner mit den vorgegebenen Stoffen umgeht als der Jahwist.

[5] Wenn ich solche Einschränkungen in meinen Abrahamsüberlieferungen nicht eigens artikuliert habe, so nicht, weil sich inzwischen meine Ansicht in diesen Fragen grundsätzlich geändert hätte, sondern weil die damalige Publikation ja nur für einen verhältnismäßig kleinen Kreis von Fachkollegen gedacht war, bei denen ich annehmen durfte, daß solche Prämissen und Vorbehalte als selbstverständlich vorausgesetzt würden. Vgl. dazu auch, was Fohrer, Einleitung 28f, zur überlieferungsgeschichtlichen Forschung ausführt. Er schließt seine geraffte Darstellung mit der Bemerkung: »Es versteht sich von selbst, daß die Untersuchung vielfach nicht zu einer sicheren Lösung führt, weil die Überlieferung es nicht zuläßt.«

Sohn, dein einziger« genannt wird. Wie nun bereits bei der Exegese von V. 2 festgestellt wurde, ist die Aussage von Isaak als dem einzigen Sohn Abrahams dem Elohisten zuzuordnen, da darin die elohistische Abrahamsüberlieferung vorausgesetzt ist. Doch hängt V. 12b mit seinem »dein Sohn, dein einziger« nicht nur terminologisch mit dem elohistischen »Nimm deinen Sohn, deinen einzigen, den du liebst, den Isaak« (V. 2) zusammen. Denn dieser Halbvers besagt inhaltlich ja zugleich, daß Abraham die ihm auferlegte Prüfung bestanden hat. Wird aber das Versuchungsmotiv von V. 1 (»Elohim versuchte Abraham«) ganz allgemein E zugewiesen, und zwar als ein der vorgegebenen Tradition gegenüber neues Motiv, dann muß konsequenterweise auch V. 12b E angehören. Setzt jedoch V. 12b den V. 12a voraus und bezeichnet dieser Halbvers den Isaak nur als *nă'ăr*, obwohl es E in V. 2 doch offenbar sehr darauf ankommt, das zum Opfer bestimmte Kind als Isaak, den einzigen Sohn Abrahams auszuweisen, und taucht diese Terminologie sofort wieder in der E-Begründung von V. 12b auf, dann muß man in V. 12a einen Satz sehen, der älter ist als der E-Text, weil sonst nicht einzusehen ist, warum gerade hier der neutrale Terminus *nă'ăr* vorliegt. Damit haben wir auf Grund einer nur oberflächlichen Betrachtung der Erzählung bereits ein wesentliches vorelohistisches Moment gefunden. Das ist um so bedeutsamer, als diese Aussage so gar nie allein tradiert werden konnte, ihr mußte notwendig einst noch etwas vorausgegangen sein. Aber darauf wird später zurückzukommen sein.

Verse 1-2

In V. 1 wurde »nach diesen Ereignissen geschah's« als späteres Kompositionselement bestimmt. Es kann also nicht einer älteren Vorlage angehören. Alles spricht dafür, daß E selbst damit Gen 22 an seine zuvor berichteten Erzählungen angeschlossen hat. Ebenso war auch »Elohim versuchte Abraham« schon E zugewiesen worden. Ob der Rest von V. 1, die Einleitung der Gottesrede, auch E angehört, ist nicht absolut sicher auszumachen. Doch wenn der überwiegende Teil von V. 1 auf E zurückgeht und das folgende »Er sprach zu ihm: Abraham! — Er sprach: Hier bin ich!« organisch den E-Text fortsetzt, und die Antwort »Hier bin ich!« des öfteren bei E belegt ist,[6] dann sollte man auch diese Einleitung E

[6] Siehe dazu unten die Ausführungen zu den Versen 6-8.

selbst zuschreiben. Dies um so mehr, als sich auch im folgenden V. 2 wieder ein sicheres E-Element findet, nämlich: »deinen Sohn, deinen einzigen, den du liebst, den Isaak.«
Daß in »und gehe in das Land Morijjā« (V. 2) Morijjā selbst eine nachelohistische sekundäre Erweiterung ist, wurde oben schon hinlänglich erörtert.[7] Auf den Redaktor, der Morijjā in den Text eingeführt hat, kann aber nicht gut die Angabe »in das Land« zurückgehen. Denn er hat von Morijjā eine ganz bestimmte Vorstellung, er will ja glauben machen, daß das Isaakopfer auf dem Jerusalemer Tempelberg stattgefunden hat. Damit hatte er aber keinerlei Veranlassung, durch den Zusatz »in das Land« sein eigenes Anliegen wieder zu verschleiern. Somit darf angenommen werden, daß »in das Land« ihm schon vorgegeben war. Erweckt der Text der folgenden Erzählung an den Stellen, wo von der (heiligen) Stätte die Rede ist, den Eindruck, als handle es sich bei dem Ort des Opfers um eine ganz bestimmte Stätte, und war »auf einem Berge, den ich dir zeigen werde« ebenfalls als nachelohistische Erweiterung zu bestimmen, dann dürfte »in das Land« ebenfalls auf E zurückzuführen sein. Im Gegensatz zur postulierten älteren Tradition war ihm unter dem Namen *'el jir'āē* offensichtlich kein Heiligtum mehr bekannt; so konnte er diesen Namen wohl auch als Länder- bzw. Landschaftsnamen verstehen. Durch die Angabe »in das Land« hat er zugleich noch die Möglichkeit eröffnet, daß erst Abraham der heiligen Stätte den Namen gibt. Will man nicht annehmen, daß »in das Land« von E stammt, dann muß man zwischen der ältesten Fassung, die in V. 12a bereits sichtbar geworden ist, und der elohistischen Bearbeitung noch eine weitere Erzählstufe einschalten, auf die dann »in das Land« zurückzuführen wäre. Das ist grundsätzlich möglich, aber im Augenblick absolut unnötig. Somit weisen wir »in das Land« E zu.
Die Aufforderungen ›zu nehmen und zu gehen‹ werfen schlechterdings nichts ab, was für oder gegen E sprechen könnte. Da aber wesentliche Elemente von V. 1f auf E zurückgehen dürften, besteht keinerlei Veranlassung, gerade diese Aufforderungen dem E-Text abzusprechen, für dessen Sinngefüge sie zudem notwendig sind. Genauso verhält es sich mit »und bringe ihn dort als Brandopfer dar«. Damit kann der gesamte Text von V. 1f (von den nachelohistischen Erweiterungen — »Morijjā ... auf einem Berge,

---

[7] Siehe dazu oben II,2b.

den ich dir sagen werde« — abgesehen) auf den Elohisten selbst zurückgeführt werden.
Dieses Ergebnis kann aber andererseits nicht bedeuten, daß eine zu postulierende Vorlage von E keine entsprechende Einleitung aufgewiesen hat. Nur kann die Gestalt einer solchen Einleitung vom heutigen Text aus nicht mehr begründet ausgemacht werden. Denn wenn die sicher E zugehörigen Elemente in V. 1f nicht als Einschübe in einen älteren Text ausgewiesen werden können, dann muß angenommen werden: es hat keine alte Einleitung gegeben — das kann aber wie gesagt nicht erwiesen werden —, oder: die jetzige E-Einleitung hat eine andere, ältere verdrängt, oder aber: der Elohist hat die ältere Einleitung zwar aufgegriffen, sie jedoch seinem Text so eingegliedert, daß sie im E-Text nicht mehr erkannt werden kann. Das bedeutet aber zugleich: die jetzige Aussage und Formulierung von V. 1f sind als Werk des Elohisten zu betrachten. Das gilt auch für die Formulierung der Imperative, die im jetzigen Gesamttext von V. 1f inhaltlich mit dem Prüfungsmoment zusammenhängen. Nach der E-Angabe, daß Gott den Abraham versuchte, erwartet man ja geradezu eine Aussage über die Art der Versuchung.

Vers 3

Da Abraham frühmorgens aufbricht, könnte man im Anschluß an V. 1f annehmen, Gott habe des Nachts zu ihm gesprochen und darin eine E-Eigentümlichkeit erblicken, um dann den Anfang von V. 3 ebenfalls dem Elohisten zuzuweisen. Aber dieses Argument sticht hier nicht; denn wenn man eine längere Reise vor sich hat — nach V. 4 dauert sie immerhin drei Tage —, ist es nur natürlich, daß man frühmorgens aufbricht. Somit kann man den Anfang von V. 3 nicht begründet dem Elohisten zuordnen. Er kann sehr wohl älter sein.
Auffällig ist in V. 3 etwas anderes. »Es machte sich Abraham frühmorgens auf, sattelte seinen Esel und nahm seine beiden Knechte mit sich und Isaak, seinen Sohn.« Hier überrascht nämlich, daß »Isaak, seinen Sohn« an letzter Stelle nach den Knechten steht, dies ganz besonders, weil mit *'ittô* (= »mit sich«) eigentlich schon ein Abschluß gesetzt ist. »Und Isaak, seinen Sohn« hinkt somit nach.
Das hat auch H. Graf Reventlow bemerkt: »Es fällt auf, daß hierbei zuerst die Knechte genannt werden und erst dann der

Sohn, obwohl doch dieser der entscheidend Beteiligte ist und die Knechte nur Nebenfiguren darstellen. Ja, im heutigen Text wirkt ›und Isaak, seinen Sohn‹ geradezu wie eine nachträgliche Ergänzung, bei welcher der Ton schon wieder abfällt.«[8] Nur kann er sich nicht dazu entschließen, »und Isaak, seinen Sohn« als spätere Erweiterung zu bestimmen, die ob der pointierten Aussage, daß Isaak der Sohn Abrahams ist, doch in der Tendenz auf V. 2 weist, also als E-Erweiterung zu bestimmen ist. Statt dessen scheidet er »seine beiden Knechte« aus und weist sie einem späteren Ergänzer zu, der aber nicht mit E identisch, sondern noch später ist. Da die Knechte jedoch auch noch in V. 5 und V. 19 vorkommen, muß er — allerdings mit völlig unzureichenden Argumenten — auch V. 5 und den Anfang von V. 19 aus seiner Urfassung und auch aus dem E-Text ausscheiden. Dieses Vorgehen ist von der Erzählung her überhaupt nicht zu rechtfertigen. Denn der Text selbst bietet dafür keinerlei Veranlassung. In V. 3 weist der Text ja eher darauf hin, »und Isaak, seinen Sohn« als sekundär zu betrachten. Bei V. 19 ist zunächst einmal zu beachten, daß dieser Vers in der 3. p. sgl. beginnt und dann mit der 3. p. pl. fortgeführt wird. Der zweite Teil von V. 19 führt inhaltlich nach Beerscheba, ist also dem Elohisten zuzuweisen, der auch in Gen 21 Abraham in Beerscheba ansässig weiß. Der Anfang von V. 19, der die 3. p. sgl. aufweist, kann aber nicht als späterer Zusatz deklariert werden, weil auch am Ende von V. 3 (»und er ging zu der Stätte«) die 3. p. sgl. belegt ist, obwohl Abraham hier nicht allein geht; denn entweder gehen die Knechte mit ihm, wenn man den Sohn als sekundär bestimmt, oder es geht Isaak mit ihm, wenn man die Knechte als sekundär bestimmt. Gehört nun V. 3 (»und er ging zu der Stätte«) mit der 3. p. sgl., obwohl mehrere Personen unterwegs sind, der älteren Tradition an, und weist der Schluß von V. 19 mit der 3. p. pl. wegen der Ortsbezeichnung Beerscheba auf den Elohisten hin, dann ist nicht mehr einzusehen, warum der Anfang von V. 19 mit der 3. p. sgl., an den sich der elohistische Teil von V. 19 anschließt, nicht der älteren Tradition angehören soll. Gehört aber der Anfang von V. 19 der älteren Tradition an, dann muß auch V. 5 derselben angehören, weil der Anfang von V. 19 wieder auf den Ausgangspunkt von V. 5 zurückführt. Ist aber V. 5 nicht als späterer Zusatz zu bestimmen, dann können

[8] Reventlow, Opfere deinen Sohn 46.

auch die »beiden Knechte« in V. 3 nicht als sekundärer Zusatz bestimmt werden. Wenn somit in V. 3 etwas auszuscheiden ist, dann ist es »und Isaak, seinen Sohn«. Diese Angabe hinkt einmal syntaktisch nach und zum anderen zeigt sich hier eine Tendenz von E, wie sie in V. 2 und auch sonst zum Ausdruck kommt: der zum Opfer bestimmte Sohn ist Isaak, der Sohn seines Vaters Abraham (vgl. VV. 6f.12b).

In V. 3 ist aber noch ein weiteres auffällig. Nachdem sich Abraham aufgemacht, seinen Esel bereits gesattelt und seine Knechte mitgenommen hat, fängt er auf einmal an, noch Holz fürs Brandopfer zu spalten. Dieses Holzspalten ist jedoch nicht mit O. Procksch, der sich dabei E. Sievers anschließt,[9] aus sachlichen und metrischen Gründen voranzustellen, sondern ist mit H. Gunkel[10] als späterer Zusatz zu bestimmen. Es ist nämlich nicht nur zu beachten, daß »und spaltete Holz fürs Brandopfer« zu spät kommt, sondern auch, daß *wăjjaqâm* (= »und er machte sich auf«) eine Dublette zu *wăjjăškem* (= und er machte sich auf«) darstellt. Ursprünglich dürfte es geheißen haben: »Er machte sich auf *(wăjjăškem)* ... sattelte *(wăjjăḥ^{a}boš)* ... nahm *(wăjjiqqăḥ)* ... und ging *(wăjjeläk)* ...« Erst durch den Einschub von »und spaltete Holz fürs Brandopfer« wurde ein erneutes Aufbrechen *(wăjjaqâm)* notwendig. Zur Verbindung von *hiškîm* (= »sich aufmachen«) mit *halăk* (= »gehen«) sei außer Gen 19,2; Ri 19,8; 1 Sam 29,10f besonders hingewiesen auf Gen 26,31 und 32,1, wo ebenfalls noch andere Verben zwischen diesen beiden Termini stehen, ohne daß *hiškîm* (= »sich aufmachen«) selbst oder durch ein entsprechendes Verb, wie etwa *qûm* (= »sich aufmachen, sich erheben, aufstehen«), wieder aufgenommen wird. Ri 19,5 kann nicht als Gegenbeispiel angeführt werden, da es sich dort um zwei verschiedene Subjekte handelt. Auf Grund dieses Befundes kann das Holzspalten nicht der ursprünglichen Traditionsgestalt zugehören, sondern muß wie der Nachtrag »und Isaak, deinen Sohn« als elohistische Erweiterung angesehen werden.[11]

Damit hat der Elohist die ältere Vorlage in V. 3 unterbrochen und durch den geschlossenen Einsatz »und Isaak, seinen Sohn, spaltete Holz fürs Brandopfer und machte sich auf« erweitert. Gerade die Art dieses Einschubes läßt den Eindruck entstehen, daß der Elohist

---

[9] Procksch, Genesis 316.

[10] Gunkel, Genesis 237.

[11] Das Holzspalten als E-Nachtrag wird sich später noch weiter erhärten.

nicht nur eine mündliche Tradition aufgegriffen hat, sondern bereits einen literarisch fixierten Text vor sich hatte. Denn es ist kaum anzunehmen, daß eine mündliche Prosa-Fassung bereits so fest erstarrt war, daß er »und Isaak, seinen Sohn« so ungeschickt hätte nachtragen müssen. Mit einer bereits literarisch fixierten Vorlage läßt sich auch am ehesten erklären, daß am Anfang von V. 19 die 3. p. sgl. steht, während die elohistische Weiterführung in V. 19 die 3. p. pl. aufweist.

Inhaltlich ist beim E-Einschub in V. 3 einmal zu beachten, daß Isaak wieder eigens als Sohn seines Vaters Abraham erscheint; an sich würde es ja genügen zu sagen: »und Isaak« oder »und seinen Sohn«. Zum anderen zeigt sich, wie liebevoll und bis ins Detail gehend E seine Vorlage ausgestaltet. Er begnügt sich in seinem Nachtrag nämlich nicht damit mitzuteilen, Abraham habe auch Holz mitgenommen, sondern erzählt dazuhin noch, er habe es vor dem Aufbruch gespalten.

Es verbleibt in V. 3 noch die nähere Erläuterung »die Elohim ihm gesagt hatte«. Sie verweist eindeutig auf die Gottesrede von V. 2, da nur dort gesagt ist, wohin Abraham ziehen soll. Wurde V. 2 E zugeordnet, dann muß auch diese letzte Angabe in V. 3 E zugewiesen werden. Sie könnte sich natürlich auch auf eine vorelohistische Vorlage von V. 2 beziehen, nur kann eine solche nicht mehr ausgemacht werden, wie oben hinlänglich gezeigt wurde. Außerdem scheint in der Aussage »die Elohim ihm gesagt hatte« doch auch noch der Gedanke der Versuchung Abrahams anzuklingen. Denn Abraham geht in E ja nur, weil Gott ihn geschickt hat, und zwar um ihn zu versuchen. So wird am Schluß von V. 3 der E-Auffassung gemäß nochmals betont, daß Abraham auf göttliches Geheiß hin seinen schicksalsschweren Gang antritt. — Wenn Abraham in V. 3 schon zu einer Stätte und nicht mehr — wie in V. 2 — in ein Land zieht, so muß das mit der Vorlage von E zusammenhängen. Da seit der Gottesrede von V. 2 keine weitere Anweisung mehr ergangen ist, müßte Abraham in V. 3 eigentlich noch zu dem gewiesenen Land hin unterwegs sein.

Scheidet man alles aus, was in V. 3 als E zugehörig erkannt wurde, so verbleibt folgender Satz: »Frühmorgens machte sich Abraham auf, sattelte seinen Esel und nahm seine beiden Knechte mit sich und ging zu der (heiligen) Stätte.«

Verse 4-5

In diesen beiden Versen findet sich nichts, was terminologisch oder sachlich auf den Elohisten hinweisen könnte. In V. 5 wird zudem Isaak nur wieder *nă'ăr* (= »Knabe«) genannt wie in V. 12a, obwohl es doch ebensogut heißen könnte: »ich und Isaak (mein Sohn)«. Doch überrascht in V. 5 in der Abrahamsrede die 1. p. pl. Wird am Ende von V. 3 in der E-Vorlage die 3. p. sgl. gebraucht, obwohl doch mehrere Personen unterwegs sind, und findet sich auch zu Beginn von V. 19 (»Dann kehrte Abraham zu seinen Knechten zurück.«) nur die 3. p. sgl., obwohl hier doch auch Isaak mit dabeisein muß — die Situation von V. 19aα entspricht also genau der von V. 5, wo Abraham seine Knechte verläßt, um allein mit Isaak weiterzuziehen —, so würde man auch in V. 5 an dieser Stelle die 1. p. sgl. erwarten, zumal hier dasselbe Verb *šûb* (= »zurückkehren«) vorkommt wie in V. 19aα. Der Plural in V. 5 könnte zwar mit der direkten Rede zusammenhängen, aber wahrscheinlicher ist es doch, ihn mit den Pluralen am Ende von V. 6 und V. 8 in Verbindung zu bringen. Da diese dem Elohisten zuzuweisen sind,[12] wird wohl auch die 1. p. pl. in der direkten Rede auf eine Überarbeitung durch den Elohisten zurückgehen.

Ist jedoch anzunehmen, daß die direkte Rede in V. 5 ursprünglich in der 1. p. sgl. abgefaßt war — und das wurde bisher nur mit Rücksicht auf die 3. p. sgl. in V. 3 und in V. 19aα wahrscheinlich zu machen versucht —, dann ändert sich auch die inhaltliche Aussage der direkten Rede. Denn dann gebraucht Abraham in V. 5 auf einmal keine verschleiernde Ausrede mehr. Er gibt dann nur an, daß er mit dem Jungen dorthin geht und anschließend zurückkehrt, ob mit oder ohne Isaak ist nicht gesagt. Es ist doch zu fragen, ob in der jetzigen Pluralformulierung (»wir werden zurückkehren«) nicht schon das Wissen eines Erzählers um den guten Ausgang mitschwingt. Das wäre erzähltechnisch zwar nicht gut, wäre aber doch verständlich, wenn die Akzentuierung der Erzählung sich im Laufe einer längeren Zeit verändert hätte. Eine reine Versuchungsgeschichte könnte sich vielleicht einen solchen Fauxpas erlauben. Oder sollte ausgerechnet in einer E-Erzählung Abraham ein Lügner sein, der sein wahres Vorhaben ungut verschleiert? Nachdem E sich in Gen 20,12 durch eine Erfindung ad hoc bemüht, Abraham vom Makel der Lüge reinzuwaschen, muß man unter

---

[12] Siehe dazu unten die Ausführungen zu den Versen 6-8.

Umständen doch annehmen, daß in der jetzigen Fassung von V. 5 das Wissen um den guten Ausgang mitschwingt und keine bewußt falsche Ausage Abrahams vorliegt.

Ist die 1. p. sgl. in der direkten Rede ursprünglich, dann dürfte sie zu Beginn etwas anders gelautet haben, vielleicht: »Ich aber — und der Knabe mit mir — gehe ...«, oder: »Ich aber gehe mit dem Knaben ...«. So wäre für den hebräischen Text ein *'et* (= »mit«) zu ergänzen (je nach der Stellung ob vor oder hinter *nă'ăr* ohne oder mit Suffix), das bei der Umstilisierung in die 1. p. pl. leicht in Wegfall kommen konnte. — Es fällt in V. 5 ferner noch auf, daß das Nomen *nă'ăr* gleich zweimal vorkommt, und zwar in je verschiedener Bedeutung. Zunächst hat es die Bedeutung von »Knecht« und dann die von »Knabe«.[13]

Verse 6-8

Diese drei Verse sind als eine Einheit aufzufassen. Sie sind untereinander schon rein äußerlich verbunden durch das zweimalige »So gingen die beiden miteinander« (VV. 6.8). Zum anderen greift V. 7 in der Frage des Jungen das Holz und das Feuer aus V. 6 auf.

Bereits bei der Auslegung wurde darauf hingewiesen, daß in diesen Versen ein retardierendes Moment vorliegt, das die eigentliche Handlung aufhält. Und ebenso wurde festgestellt, daß das feierliche Hin und Her zwischen Vater und Sohn im Gesprächsauftakt nicht der üblichen Art eines Gesprächs zwischen einem Vater und seinem Sohn entspricht. Besonders beachtenswert ist nun, daß der Auftakt des Gesprächs zwischen Isaak und Abraham in V. 7 formal und teilweise auch sachlich dem Auftakt der Rede Gottes an Abraham (V. 1) nicht nur sehr ähnlich ist, sondern praktisch parallel läuft.[14]

V. 1b:	Und er sprach	(sc. Elohim)	zu ihm (sc. Abraham[15]):
V. 7a:	Und es sprach	Isaak	zu Abraham, seinem Vater,

---

13 Darauf wird noch zurückzukommen sein. Siehe dazu unten IV,6.

14 Anders, nämlich wie ansonsten üblich, verläuft die Rede an die Knechte in V. 5.

15 Da sowohl »Elohim« als auch »Abraham« V. 1b unmittelbar vorausgehen, müssen die beiden Namen zu Beginn von V. 1b nicht noch einmal eigens erwähnt werden. Anders ist es in V. 7.

V. 1b:		Abraham	und er sprach: Hier bin ich.
V. 7a:	und er sprach:	mein Vater	und er sprach: Hier bin ich, mein Sohn.
V. 2a:	Und er sprach:		
V. 7b:	Und er sprach:		

Die beiden Auftakte — allein schon ihr Auftaktcharakter verbindet die beiden Halbverse, denn sowohl V. 1b als auch V. 7a sind nur Einleitungen, die beide Male nicht absolut notwendig sind — unterscheiden sich formaliter nur dadurch, daß V. 7a ein zusätzliches »sprechen«-Element aufweist. Dieses überschießende »sprechen« ist aber wohl nur hinzugekommen, um »seinem Vater« und »mein Vater«[16] nicht unmittelbar aufeinander folgen zu lassen. »Seinem Vater« und »mein Sohn«, die gegenüber V. 1b auch etwas überhängen, erklären sich wiederum sehr gut, wenn man die Formulierung von V. 7a dem Elohisten zuschreibt. Denn dann erkennt man auch hier wie schon im elohistischen V. 2 die Absicht, Abraham und Isaak als Vater und Sohn auszuweisen.

Man ist versucht, mit O. Procksch »seinem Vater, und er sprach« als Dittographie zu streichen. *»'abîw wăjjōmär* ist wohl eine, das Metrum störende, versehentliche Verdoppelung der zwei folgenden Worte, wobei *'abî* in *'abîw* verwandelt wurde, um einen Textzusammenhang zu schaffen (Sievers).«[17] Zwar wäre damit jegliche Schwierigkeit im Nachweis der Parallelität der beiden Auftakte behoben, doch ist zu beachten, daß es nun einmal ganz offensichtlich die Absicht von E in Gen 22 ist, Abraham und Isaak möglichst oft und ganz betont als Vater und Sohn erscheinen zu lassen.

Aber gleichgültig, ob man der Streichung von O. Procksch zustimmt oder nicht, es ist auf jeden Fall festzuhalten, daß V. 1b und V. 7a einander so sehr ähnlich sind, daß sie ein und derselben Schicht zugewiesen werden müssen. Gen 22,1b.7 ähnliche Gesprächsauftakte mit der Antwort des Angeredeten »Hier bin ich« finden sich in den E-Texten Gen 27,1b.18; 37,13b; 46,2 und Ex 3,4b. So scheint hier eine E-Eigentümlichkeit vorzuliegen,[18] was wiederum dafür spricht, V. 7 und damit auch die Verse 6-8 der

[16] Im Hebräischen unterscheiden sich die beiden Formen ja nur durch ein *waw*.

[17] Procksch, Genesis 317.

[18] Vgl. auch Procksch, Genesis 315.

elohistischen Redaktion und nicht einer vorelohistischen Fassung zuzuschreiben.

Wie die Exegese dieser Versgruppe ferner gezeigt hat, entspricht die Antwort des Vaters in V. 8 ganz dem Anliegen des Elohisten. Abraham hat sich und seinen Sohn dem vorsehenden Gott anheimgestellt. Da die Frage Isaaks aber auf diese Antwort des Vaters hinzielt — die Antwort ist die intendierte Aussage, nicht die Frage —, muß auch die Frage in V. 7 E zugeordnet werden. Diese Zuordnung findet eine indirekte Bestätigung durch das Vorkommen des Holzes in V. 7, das schon in V. 3 als E zugehörig erwiesen wurde.

Auch in V. 6 ist Isaak wieder deutlich als Sohn Abrahams gekennzeichnet. Hinzu kommt noch die ausmalende Umständlichkeit und liebevolle Ausführlichkeit, wie sie am ehesten zum Elohisten paßt. Nicht daß alten Erzähleinheiten ausmalende Einzelzüge völlig fremd wären, aber bei ihnen handelt es sich doch zumeist um für die weitere Handlung bedeutsame interessante Einzelzüge, nicht einfach um Ausmalungen. So ist etwa in V. 13 bedeutsam, daß der Widder im Hintergrund stand, so wird nämlich verständlich, warum Abraham ihn vorher nicht gesehen hat, und ebenso daß er sich verfangen hatte, so konnte er nicht weglaufen. Damit ist er durch die angegebenen Umstände der zum Opfer prädestinierte Widder. Was sich dagegen in V. 6 an Einzelzügen findet, ist für die folgende Handlung in ihrer ältesten Fassung nicht von Bedeutung. Bezeichnenderweise wird in dem schon als alt erkannten V. 12a das Messer von V. 6 nicht erwähnt. Und die Tatsache, daß Abraham in V. 10 die Hand ausstreckt, um das Messer zu ergreifen, spricht nicht dafür, daß diese Aussage von V. 10 unbedingt der ältesten Traditionsschicht angehört, denn in V. 12a soll Abraham seine Hand nicht gegen den Knaben ausstrecken. Eben ob dieses Unterschiedes wird ja nicht selten vorgeschlagen, die Wortabfolge in V. 10 zu ändern.[19] Doch ebnet ein solches Vorgehen gerade die feinen und oft sehr bedeutsamen Differenzen ein. Somit muß auch in V. 10 damit gerechnet werden, daß das Messer nicht der ältesten Schicht angehört.[20] Desgleichen wird auch das Feuer von V. 6 im folgenden nicht mehr expressis verbis erwähnt.

---

[19] Vgl. den Apparat in BH.

[20] Siehe dazu unten die Ausführungen zu V. 10.

Nun mag es zwar stimmen, daß die Erwähnung des Holzes recht gut zu einem Brandopfer (*ʿolā*) paßt. Und es mag auch sein, »daß die Zubereitung des Holzes regelmäßig besonders erwähnt wird, wenn von einer *ʿola* ausführlicher die Rede ist«[21], vgl. Ri 6,2; 1 Sam 6,14; 2 Sam 24,22. Aber ist es wirklich sicher, daß die älteste Traditionsschicht explizit von einem Brandopfer gesprochen hat? Immerhin ist es auffällig, daß Gen 22 die einzige Erzväterüberlieferung ist, in der ein Brandopfer dargebracht wird, und dies obwohl die Väter häufig Altäre bauen, und gerade Altar und Brandopfer eng miteinander verbunden sind.[22] Meines Erachtens muß man in Gen 22 durchaus mit der Möglichkeit rechnen, daß die älteste Traditionsschicht nicht den Terminus technicus Brandopfer enthalten hat, sondern nur ein Schächten des Sohnes durch seinen Vater, und auch dies ohne weitere Einzelheiten, zumal ältere Texte normalerweise keine Einzelheiten des Opfervorganges beim Brandopfer erkennen lassen.[23] Da nun aber die Schächtung ein unerläßlicher Bestandteil jedes tierischen Opfers ist — und um tierische Opfer geht es bei dem neuen Kultbrauch von Gen 22 — und deshalb auch zu jedem Brandopfer gehört,[24] konnte der Elohist die vorgegebene Schächtung sehr wohl als Teil eines Brandopfers verstehen und die spärlichen Angaben seiner Vorlage dem Ritus des Brandopfers entsprechend weiter ausgestalten. Wenn dabei der übliche Brandopfer-Ritus nicht eingehalten wird, so dürften dafür in der Tat rein erzählerische Gründe maßgebend gewesen sein.[25] Aber was spricht dagegen, daß dieser Erzähler E selbst war? Dagegen kann nicht vorgebracht werden, daß auch in V. 13b von einem Brandopfer die Rede sei. Denn in der elohistischen Textgestalt muß die Mitteilung in V. 13, Abraham habe den Widder als Brandopfer dargebracht, als Ausführungsbericht des göttlichen Auftrages aufgefaßt werden, nur daß auf Grund der inzwischen eingetretenen Ereignisse jetzt der Widder anstelle des Sohnes geopfert wird. So kann die Formulierung des Ausführungsberichtes (»er brachte zum Brandopfer dar«) sehr wohl auf E zurückgehen. Aber selbst wenn dieser Ausdruck in V. 13 ursprünglich sein sollte, was in keiner Weise erwiesen werden kann — das

---

[21] Rendtorff, Geschichte des Opfers 106.
[22] Siehe dazu Rendtorff, Geschichte des Opfers 86.242.
[23] Vgl. Rendtorff, Geschichte des Opfers 93.
[24] Vgl. Rendtorff, Geschichte des Opfers 93.
[25] Vgl. Rendtorff, Geschichte des Opfers 94f.

Gegenteil ist allerdings auch nicht zu beweisen, sondern nur als Möglichkeit annehmbar —, dann ergibt sich daraus immer noch nicht, daß die zuvor in der Erzählung erwähnten Einzelheiten des Brandopfers ebenfalls alt sind. Und dies nicht nur auf Grund der Eigenart von Gen 22, sondern auch weil alte Texte üblicherweise keine Einzelheiten eines Brandopfers mitzuteilen pflegen.[26]

Gewiß hat manches, was hier zu den Versen 6-8 ausgeführt wurde, nur hypothetischen Charakter, und die einzelnen vorgetragenen Argumente sind von unterschiedlicher Beweiskraft. Andererseits ist aber auch deutlich geworden, daß sich aus diesen drei Versen kein einziges wirklich stichfestes Argument herleiten läßt, das gegen die Verfasserschaft des Elohisten sprechen könnte. Doch sollen abschließend nochmals die wichtigsten Argumente für E genannt werden, damit nicht der Eindruck zurückbleibt, als ob die Verfasserschaft des Elohisten ganz und gar zweifelhaft wäre.

Für E sprechen: Die formale Gestalt des Redeauftaktes in V. 7 entspricht der von V. 1; das ausgeprägte Vater-Sohn-Verhältnis von Abraham und Isaak deckt sich mit der elohistischen Aussage von V. 2; die theologische Aussage in V. 8 zeigt das absolute Gottvertrauen, das durch das Versuchungsgeschehen in E erwiesen werden soll, nicht zuletzt in paradigmatischer Hinsicht; die 3. p. pl. in »So gingen die beiden miteinander« (VV. 6.8) entspricht der 3. p. pl. im zweiten Teil von V. 19, der sicher elohistisch ist; die ausmalende Tendenz in V. 6 sowie die Erwähnung des Holzes kann mit den E-Erweiterungen in V. 3 in Zusammenhang gebracht werden. Nimmt man all das zusammen, dann darf man die Verse 6-8 — gerade auch ob ihrer inneren sachlichen wie terminologischen Geschlossenheit — als elohistisch bezeichnen. Daß der Elohist dafür Anhaltspunkte aus einer Vorlage aufgegriffen oder verwendet hat, ist zumindest nicht wahrscheinlich zu machen. Sollte die älteste Traditionsschicht je etwas mit einem Kinderopfer zu tun haben, dann dürfte ohnehin für diese Schicht kein derartiges Gespräch zwischen Vater und (Klein-)Kind zu vermuten sein.

Vers 9

Weisen nach den bisherigen Ausführungen die 3. p. pl. in »So gingen die beiden miteinander« (VV. 6.8) und die 3. p. pl. im

---

[26] Vgl. Rendtorff, Geschichte des Opfers 93.

zweiten Teil von V. 19 auf den Elohisten und ist ferner zu vermuten, daß auch die 1. p. pl. in der direkten Rede von V. 5 auf eine elohistische Überarbeitung zurückzuführen ist, dann muß auch die 3. p. pl. zu Beginn von V. 9 dem Elohisten zugeschrieben werden. Doch ist bei »Und sie kamen zu der Stätte« auch nur mit einer elohistischen Überarbeitung (Änderung der 3. p. sgl. in die 3. p. pl.) zu rechnen. Denn inhaltlich weist nichts auf E, vielmehr scheint der Anfang von V. 9 die ursprüngliche Fortsetzung der Verse 3.4.5 zu sein, die explizit (V. 3f) oder implizit (V. 5) auf die Stätte hinzielen. Wird in der alten Schicht von V. 3 eigens angegeben, Abraham sei zu der Stätte hin aufgebrochen, dann ist es nur natürlich, wenn auch die Ankunft an dieser Stätte mitgeteilt wird. — Wie in V. 3 ist auch in V. 9 »die Elohim ihm gesagt hatte« als elohistische Erweiterung zu bestimmen.

Beim Rest des Verses ist nicht sicher auszumachen, was E und was der zu postulierenden Vorlage angehört. Denn gerade bei diesem Vers könnte in besonderer Weise damit gerechnet werden, daß der Elohist eine weit weniger detaillierte Schilderung der Opfervorbereitungen vorgefunden und diese nach dem Ritus des Brandopfers ausgestaltet hat.[27] Eine solche Ausgestaltung würde der Liebe von E zum Detail entsprechen, zugleich ermöglicht sie eine Steigerung der Spannung. Wenn der Erzähler dabei nicht den üblichen Ablauf des Brandopferritus eingehalten hat, so dürften dafür — wie oben schon erwähnt — rein erzählerische Gründe maßgebend gewesen sein.[28]

Auf E könnte sehr wohl die explizite Aussage zurückgehen, daß das zu opfernde Kind Isaak, der Sohn Abrahams ist. Denn hier zeigt sich wieder deutlich die elohistische Tendenz. Von V. 12a aus kann vermutet werden, daß auch in V. 9 einfach von dem Knaben die Rede war, allenfalls noch vom Sohn dessen, der das Opfer darbringt. Fand sich bisher die Erwähnung des Brandopferholzes (VV. 3.6f) jeweils nur in elohistischen Texten, so kann vermutet werden, daß auch in V. 9 die Erwähnungen des Holzes auf E zurückgeht. Freilich eine letzte Sicherheit kann dabei nicht erlangt werden. Doch ist zu beachten, daß der Vers geschlossener wirkt, wenn man »schichtete das Holz auf« und »oben auf das Holz« streicht, zumindest fällt »oben auf das Holz« in diesem

---

[27] Siehe dazu oben die Ausführungen zu den Versen 6-8.
[28] Siehe dazu Rendtorff, Geschichte des Opfers 94f.

Zusammenhang als fast zu exakte Angabe auf. — Spielte die zu postulierende ursprüngliche Tradition an einer schon bekannten heiligen Stätte, dann dürfte dort auch schon längere Zeit ein Altar gestanden haben und mußte nicht erst noch von Abraham gebaut werden. So kann bezweifelt werden, ob die Altarbaunotiz mit zur ältesten Schicht der zu postulierenden Tradition gehört. Doch ist damit noch nicht erwiesen, daß diese Altarbaunotiz erst vom Elohisten stammt. Denn daß die Patriarchen Altäre bauten, gehört offenbar als fester Bestandteil mit zum traditionellen Patriarchenbild, vgl. Gen 12,7f; 13,18; 26,25; 35,1.3.7. Der Altarbau könnte somit auch schon einer möglichen E-Vorlage zugewachsen sein.
Unter Berücksichtigung der erwähnten Unsicherheit kann wohl folgender Text der möglichen E-Vorlage zugeschrieben werden: »Und *er kam* zu der Stätte. Dort baute Abraham den Altar, fesselte den Knaben (oder: seinen Sohn) und legte ihn auf den Altar.«

Vers 10

Wurden die Verse 6-8 E zugewiesen und ist nur in V. 6 und in V. 10 vom Messer die Rede, so besteht zumindest der Verdacht, daß auch in V. 10 die Erwähnung des Messers auf den Elohisten zurückzuführen ist. Dieser Verdacht scheint sich zu bestätigen, wenn man den als alt erkannten V. 12a mitberücksichtigt. Dort heißt es: »Strecke deine Hand nicht gegen den Knaben aus, tue ihm nichts an!« Da der Vater nach V. 12a die Hand nicht gegen den Jungen ausstrecken soll, um ihm etwas anzutun, ist von dieser Aussage aus zu vermuten, daß er vor der Gottesrede bereits Anstalten gemacht hat, seine Hand gegen den Jungen auszustrecken. Und eben diese Aussage ergibt sich in V. 10, wenn man das E-verdächtige Messer samt dem Griff danach ausscheidet. Denn dann lautet dieser Vers: »Und Abraham streckte seine Hand aus, um den Knaben zu schächten.« Die Übereinstimmung dieses Textes mit V. 12a und die Tatsache, daß das Messer in V. 6 in einem reinen E-Text vorkommt, läßt doch den Schluß zu, daß »und ergriff das Messer« eine sekundäre, elohistische Erweiterung ist. So zeigt sich auch hier die schon in V. 3 festgestellte Eigenart von E, den vorgegebenen Text ausmalend um weitere Details zu erweitern. Ist das sicher in V. 3 der Fall und mit überaus hoher Wahrscheinlichkeit auch in V. 10, dann muß — wie es oben bereits geschehen ist — auch in V. 9 ernsthaft mit dieser Möglichkeit ge-

rechnet werden. Zugleich zeigt sich in V. 10 — und das gilt auch wieder für die E-Zusätze in V. 9 —, was schon bei den E-Zusätzen in V. 3 und in den Versen 6-8 festzustellen war, daß der Elohist die Handlung aufhält oder hinauszögert und damit zugleich die Spannung steigert.[29]
Die Inkongruenz von V. 10 und V. 12a wurde auch von H. Gunkel bemerkt, der »und ergriff das Messer« ebenfalls als sekundär bestimmt. Doch versteht er diesen sekundären Zusatz als nachelohistisch. Das dürfte aber nicht stimmen. Denn einmal ist das Messer von E schon ganz bewußt in V. 6 eingeführt und zum andern liebt es der Elohist, seine Vorlage noch weiter auszugestalten. Sekundär kann hier also nur bedeuten, daß »und ergriff das Messer« nicht der E-Vorlage angehört, wohl aber der vom Elohisten hinterlassenen Erzählung. Versteht man die Genesis von V. 10 in dieser Weise, dann erübrigt sich auch der Vorschlag im Apparat der BH, in V. 10 — ebenfalls unter Berücksichtigung von V. 12a — eine Umstellung vorzunehmen. Der heutige Masoratext dürfte wirklich den E-Text wiedergeben.

Vers 11

Auf E weist hier »vom Himmel her«. Wenn die schon wiederholt ausgesprochene Vermutung stimmt, daß die ursprüngliche Tradition von Gen 22 an dem — uns freilich nicht mehr bekannten — Heiligtum *'el jir'āē* haftet, dann muß es anstelle von »Bote Elohims« in der ältesten Traditionsschicht einst »El« geheißen haben. Ob der E-Text auch schon vom »Boten Elohims« oder nur von »Elohim« gesprochen hat, kann nicht mehr ausgemacht werden. Der »Bote« könnte auch erst durch den nachelohistischen Redaktor in den Text gelangt sein.
Der Anruf an Abraham — das zweimalige Abraham entspricht der drängenden Situation — und dessen Antwort »Hier bin ich« stimmt mit der E-Formulierung von V. 1 überein. Schon ob der Art dieses Redeauftaktes — vgl. auch V. 7a — muß die jetzige Formulierung von V. 11 E zugeschrieben werden.[30] Und auch

---

[29] Gunkel, Genesis 238, schreibt zu V. 9f: »Eine höchst ausführliche Schilderung: das Tempo wird mit Willen ritardando, um die Spannung zu schärfen; wir sollen mit verhaltenem Atem zuhören.«

[30] Der nachelohistische Redaktor von Gen 22 nimmt in V. 15 zwar V. 11 auf, aber das für die Verse 1.7.11 typische Hin und Her des Redeauftaktes findet sich bei ihm nicht.

hierin zeigt sich wiederum ein retardierendes Moment, der Hörer wird noch einmal hingehalten, ehe er mit Abraham aufatmen darf. — Doch muß auch die Vorlage von E einst eine Einleitung der Gottesrede von V. 12a aufgewiesen haben. Sie dürfte noch zu Beginn von V. 11 erhalten sein und ursprünglich gelautet haben: »Da rief ihn El an.« Daran schloß sich dann V.12a an.

Vers 12b

V. 12a wurde bereits oben der alten vorelohistischen Tradition zugewiesen. Wird der Gedanke der Versuchung, der Erprobung Abrahams, wie er in V. 1 explizit ausgesagt ist, ganz allgemein E zugeschrieben, dann muß konsequenterweise auch V. 12b E zugeordnet werden. Denn hier kommt zum Ausdruck, daß Abraham die Prüfung bestanden hat. Deutlich weist auch »deinen Sohn, deinen einzigen« auf E hin, vgl. V. 2. Mit 12b hat die elohistische Erzählung ihren Höhepunkt erreicht und zugleich auch schon überschritten. Alles für E Wesentliche ist geschehen und gesagt.

Vers 13

In diesem Vers findet sich nichts, was notwendig auf E zurückzuführen wäre. Da in der vorelohistischen Gestalt von V. 10 nur vom Schächten die Rede ist und da der Terminus technicus »Brandopfer« in Gen 22 bisher nur in E-Formulierungen vorgekommen ist (VV. 2-3.6-8), könnte allenfalls gefragt werden, ob »und brachte ihn als Brandopfer dar« nicht doch auf den Elohisten zurückgeht. Analog zu V. 10 könnte es einst in V. 13 geheißen haben: »und schächtete ihn anstelle seines Sohnes«. Mit dieser Möglichkeit ist immerhin zu rechnen, denn wie oben bereits ausgeführt wurde, kann angenommen werden, daß die ursprüngliche Tradition von Gen 22 einst nur von einer Schächtung des Kindes gehandelt hat. Da die Schächtung aber Teil des Brandopfers ist, konnte der Elohist das Ganze als Brandopfer verstehen, die Vorlage entsprechend weiter ausgestalten und auch terminologisch Veränderungen vornehmen.[31]

Vers 14a

Auch hier ist wieder anzunehmen, daß es in der Vorlage von E ursprünglich »El« und nicht »Elohim« geheißen hat.

---

[31] Siehe dazu oben die Ausführungen zu den Versen 6-8.

Vers 19
Auf den Numeruswechsel in V. 19 wurde schon wiederholt hingewiesen. Der Anfang des Verses, der die 3. p. sgl. aufweist, ist der vorgegebenen Tradition zuzuordnen, die auch in V. 3 die 3. p. sgl. aufweist, obwohl dort mehrere unterwegs sind. Der Rest des Verses gehört dem Elohisten an. Dafür spricht schon das Vorkommen von Beerscheba. Diese Angabe gliedert Gen 22 in die elohistische Abrahamskonzeption ein. Wie im E-Zusatz in V. 3 findet sich zudem auch hier die Verbindung von *qûm* (= »aufstehen, sich aufmachen«) und *halăk* (= »gehen«) und wie in V. 6 und V. 8 »sie gingen miteinander«. Hatte die Vorlage nur auf die Situation von V. 5 zurückgeführt, so führt die elohistische Erweiterung auf die Situation von Gen 21 zurück.

3. Die Vorlage des Elohisten (= Grundtradition)

Wurde in den Vorbemerkungen zu diesem Kapitel die allgemeine Problematik der Erarbeitung der postulierten vorelohistischen Tradition ausgiebig erörtert und wurden diese grundsätzlichen Erwägungen und Einschränkungen auch bei der Prüfung der elohistischen Erzählung berücksichtigt, so scheint sich jetzt trotz aller Unsicherheitsfaktoren doch ein brauchbares Ergebnis abzuzeichnen. Mit großer Wahrscheinlichkeit ist auf Grund der sorgfältigen Prüfung der E-Erzählung anzunehmen, daß dem Elohisten folgende Tradition vorgegeben war, die sogar schon schriftlich fixiert gewesen sein dürfte, wie vor allem die Art des E-Einschubes in V. 3 vermuten läßt.

1 ...
3 Abraham machte sich frühmorgens auf, sattelte seinen Esel, nahm seine beiden Knechte mit sich und ging zu der (heiligen) Stätte.
4 Am dritten Tag erhob Abraham seine Augen und sah die (heilige) Stätte von ferne.
5 Da sprach Abraham zu seinen Knechten: Bleibet hier mit dem Esel. Ich aber gehe mit dem Knaben dorthin, um anzubeten, dann kehre ich zu euch zurück.
9 Und er kam zu der (heiligen) Stätte. Dort baute Abraham den Altar, fesselte den Knaben (oder: seinen Sohn) und legte ihn auf den Altar.

10 Dann streckte Abraham seine Hand aus, um den Knaben zu schächten.
11 Da rief ihn El an,
12 er sprach: Strecke deine Hand nicht gegen den Knaben aus, tue ihm nichts an!
13 Da erhob Abraham seine Augen und sah, siehe, hinten war ein Widder, der sich mit seinen Hörnern im Gestrüpp verfangen hatte. Da ging Abraham hin, nahm den Widder und schächtete ihn anstelle seines Sohnes.
14 Und Abraham nannte den Namen dieser (heiligen) Stätte: *'el jir'āē* (= »El sieht«).
19 Dann kehrte Abraham zu seinen Knechten zurück.

Wenn im folgenden dieser Text als die vorelohistische Grundtradition von Gen 22 verstanden wird, dann soll damit nicht gesagt sein, daß dem Elohisten genau dieser Text und nur dieser Text und exakt diese Formulierungen als Vorlage vorgegeben waren. Das kann diese Textrekonstruktion nicht beanspruchen. Die erarbeitete Größe kann nur beanspruchen, jene Tradition zu sein, die man vom elohistischen Text aus heute noch erschließen kann. Durch die Überarbeitungen und Erweiterungen des Elohisten kann manches seiner Vorlage verlorengegangen oder umgestaltet, ja sogar so umgestaltet worden sein, daß es nicht mehr als Vorlage, sondern nur noch als E-Text erkennbar ist. So ist z. B. sicher damit zu rechnen, daß die Grundtradition einst auch eine eigene Exposition hatte, die auf die folgende Handlung hinführte. Aber es ist heute nicht mehr möglich, diese ursprüngliche Eröffnung auszumachen. Die jetzt vorliegende elohistische Eröffnung mit ihrem Kompositionselement (»nach diesen Ereignissen geschah's«) und ihrem theologischen Anliegen (Prüfung und Gottesrede, in der angegeben wird, worin die Prüfung besteht) scheint die ursprüngliche Exposition vollständig verdrängt zu haben. Das ist aber nicht verwunderlich, da auch bei anderen alten Erzählungen öfters die ursprüngliche Eröffnung Bearbeitungen zum Opfer gefallen ist, die ihre eigenen Ansichten zur Darstellung bringen wollten.[32] Desgleichen ist auch damit zu rechnen, daß bestimmte syntaktische Feinheiten der vorgegebenen Tradition durch die E-Überarbeitung und E-Erweiterung verlorengegangen sind. So ist mit großer

[32] Vgl. Richter, Richterbuch 376f.

Wahrscheinlichkeit anzunehmen, daß die elohistische Gliederung der Erzählung, die wesentlich durch die — für eine alte Tradition allzu häufigen — Reden geschieht (VV. 1f.5.7f.11f), eine ältere und feinere Stoffgliederung eingeebnet und überdeckt hat. Deshalb werfen gerade die syntaktischen Gegebenheiten in Gen 22 nicht allzu viel ab.

Die hier noch einmal vorgenommenen Einschränkungen ändern jedoch nichts daran, daß die wesentliche Aussage der vorelohistischen Tradition erhalten und erkennbar geblieben ist, und dies nicht zuletzt, weil die elohistische Aussage in eine andere Richtung geht. So sind die Bedenken gegen die eruierte Tradition weniger materialer als formaler Art, abgesehen von der fehlenden Exposition, die aber auch aus formalen Gründen zu postulieren ist. Daß jedoch die erarbeitete Tradition kein zufälliges Sammelsurium, sondern eine — soweit noch erkennbar — geformte Erzählung ist, die den Formgesetzen einer Erzählung entspricht, soll im folgenden Abschnitt gezeigt werden.

4. Grundtradition und Stilkritik

Ehe auf die inhaltliche Aussage der eruierten Tradition eingegangen wird, soll diese Grundschicht zunächst kurz stilkritisch untersucht werden. Dies vor allem deshalb, weil H. Graf Reventlow in seiner Studie zu Gen 22 der Stilkritik besondere, ja fast entscheidende Bedeutung beimißt,[33] indem er annimmt, man könne mit

[33] Was hier unter Stil zu verstehen ist, mag das folgende Zitat aus Dommershausen, Estherrolle 11f, deutlich machen: »Die *neuere Literaturwissenschaft* hat sich von der alten Auffassung, die den Stil als reine Ornamentik betrachtet, völlig distanziert. Stil ist für sie Sprache in individueller Verwendung. Stil ist Ausdruck der Person des Künstlers, seiner Psyche, seiner Altersstufe. Stilträger kann die literarische Gattung ebenso wie eine ganze Nation oder Epoche sein. Man spricht direkt vom Personalstil, einem Jugend- und Altersstil, von Gattungs- und Epochenstil. W. Kayser und seine Schule gehen davon aus, daß auch *das Werk an sich Stil hat.* »Aller Gehalt, der sich ausdrückt, ist in der Gestaltung anwesend« (Kayser). »Der dichterischen Form gehört es . . . eigentümlich zu, daß sie das Wesenhaft-Gemeinte als Gehalt in sich birgt und doch nur als Form greifbar macht« (Böckmann). Diesen *»Werkstil«* meinen wir, wenn wir im folgenden von Stil reden. Wir fassen den Begriff Stil weit und betrachten als stilbildend und stiltragend *alle Elemente der sprachlichen Gestaltung:* die Syntax ebenso wie die Redefiguren oder die Aufbauformen.«

ihrer Hilfe die Richtigkeit einer Textrekonstruktion erweisen. Das versucht er denn auch an seinem zurückgewonnenen Text, den er als älteste Gestalt der Erzählung versteht. Dieser lautet:

»V. 1. (... sprach zu) Abraham und sprach zu ihm: ›Abraham!‹ Der sprach: ›Ja!‹ V. 2. Er sprach: ›Nimm deinen Sohn und begib dich in ein Land (‚das ich dir zeigen werde,) und opfere ihn dort als Brandopfer auf einem der Berge, den ich dir sagen werde.‹ V. 3. Da machte sich Abraham früh am Morgen auf, sattelte seinen Esel, nahm seinen Sohn und ging zu der heiligen Stätte. V. 4. Am dritten Tage hob Abraham seine Augen auf und sah die heilige Stätte von ferne. V. 6. Da nahm Abraham das Opferholz und lud es seinem Sohn auf; er selbst nahm das Feuer und das Messer in seine Hand. So gingen die beiden miteinander. V. 7. Da sprach (der Sohn) zu Abraham, seinem Vater, und sprach: ›Mein Vater!‹ Der sprach: ›Ja, mein Sohn!‹ Er sprach: ›Da sind das Feuer und das Holz — und wo ist das Schaf zum Brandopfer?‹ V. 8. Da sprach Abraham: ›'älohim wird sich ein Schaf zum Brandopfer ersehen, mein Sohn.‹ So gingen die beiden miteinander. V. 9. Und sie kamen zur heiligen Stätte. Dort baute Abraham den Altar, schichtete das Holz auf, band seinen Sohn und legte ihn auf den Altar oben auf das Holz. V. 10. Dann streckte Abraham seine Hand aus und nahm das Messer, seinen Sohn zu schlachten. V. 11. Da rief ihn der Engel Jahwes an und sprach: ›Abraham, Abraham!‹ Der sprach: ›Ich höre!‹ V. 12. Er sprach: ›Strecke deine Hand nicht aus gegen den Knaben und tue ihm nichts an!‹ V. 13. Da hob Abraham seine Augen auf und sah, und siehe, ein Widder im Hintergrund hatte sich mit seinen Hörnern im Gestrüpp verfangen. Da ging Abraham hin und nahm den Widder und brachte ihn als Brandopfer dar anstelle seines Sohnes. V. 14. Und Abraham nannte den Namen dieser Stätte: ›Jahwe sieht‹, denn er sprach: ›Heute, auf (diesem?) Berge hat Jahwe ...‹«[34]

Gattungsmäßig bestimmt H. Graf Reventlow diese von ihm erarbeitete Urgestalt als ›volkstümliche Erzählung‹, weil sie eben jene Merkmale aufweist, die A. Olrik 1909 als für diese Gattung charakteristisch herausgestellt hat.[35] Und in der Tatsache, daß seine rekonstruierte Textgestalt durch jene epischen Gesetze geprägt ist,

---

[34] Reventlow, Opfere deinen Sohn 52f.
[35] Reventlow, Opfere deinen Sohn 55.

die A. Olrik als für die Volkserzählung charakteristisch ausgemacht hat, findet er die sicherste Bestätigung dafür, daß er bei der Rückgewinnung der Urfassung den richtigen Weg gegangen ist.[36] Die Stilkritik wird somit für ihn zur Gegenprobe für die Richtigkeit seiner Textrekonstruktion. Freilich hinkt diese Gegenprobe bedenklich, denn H. Graf Reventlow hat seine Urfassung weithin nur unter Zuhilfenahme stilkritischer Argumente finden können.[37] Aber darauf soll jetzt nicht näher eingegangen werden. Ebenso soll hier auch seine Urfassung nicht kritisiert werden. Doch ist in diesem Zusammenhang eigens anzumerken, daß die Stilkritik die Literarkritik nicht verdrängen kann, sondern »daß eine Stilanalyse die Literarkritik voraussetzen muß und eine Gattungsbestimmung nicht voraussetzen darf«, wie W. Richter an Hand von Ri 4 und in Auseinandersetzung mit L. Alonso-Schökel deutlich gemacht hat.[38] Das heißt aber doch, zunächst muß man mit literarkritischen Mitteln die kleinen Einheiten abgrenzen, ehe man stilkritisch diese Einheiten weiter untersuchen kann.[39]

Im folgenden geht es darum, die oben von uns erarbeitete Grundschicht stilkritisch auszuleuchten, so wie es auch H. Graf Reventlow mit seiner Urfassung getan hat. Doch kann man sich dazu bei alttestamentlichen Texten nicht mehr nur der ›epischen Gesetze der Volksdichtung‹ von A. Olrik bedienen und auch nicht nur je ad hoc gefundener oder erfundener Kriterien, die im Grunde unbewiesene Behauptungen sind. Gewiß ist die alttestamentliche Wissenschaft in der Sparte Stilkritik noch nicht sonderlich weit gediehen, zumal in der alttestamentlichen Prosa. Aber gerade die Untersuchung W. Richters[40] hat unter besonderer Berücksichtigung von Syntax und Stilistik und auch unter Einschluß der ›epischen Gesetze der Volksdichtung‹ wertvolle Erkenntnisse gebracht, die

---

36 Reventlow, Opfere deinen Sohn 59: »Diese innere Phänomenologie der Geschichte ist die sicherste Bestätigung dafür, daß wir bei ihrer Rückgewinnung den richtigen Weg gegangen sind. Sie erklärt auch, weshalb dieser Weg so schwierig war. Denn die spätere Zeit — und schon der Endverfasser lebt in einer geistig gänzlich veränderten Welt — hat von diesen Gesetzen des Erzählens nichts mehr verstanden. Deshalb haben ihre Ergänzungen die Einheit der Form zerrissen.«

37 Es genüge der Hinweis auf seine Ausführungen aaO. 36-52.

38 Richter, Richterbuch 378 Anm. 208.

39 Zu diesen methodischen Fragen und vor allem zum Ort der sogenannten Stilkritik sei verwiesen auf Richter, Richterbuch 351-353.

40 Richter, Richterbuch 344-399.

berücksichtigt werden müssen, selbst wenn sie noch auf einer verhältnismäßig schmalen Textbasis gründen und in dieser oder jener Weise noch ergänzt werden müssen.[41]
Für die ursprünglich nichtliterarische Erzählung stellt W. Richter folgende Kriterien auf, wobei er allerdings eigens anmerkt, daß man nicht erwarten darf, »daß sämtliche angeführten Kriterien bei jeder einzelnen Erzählung vorliegen müssen«[42].

1. »Deutlicher Einsatz und Schluß. Beliebt ist die nominale Eröffnung mittels einer Formel. Diese ist nicht überall erkennbar, da die Bearbeitung sie gern durch eigene einleitende Betrachtungen ersetzt hat. Sie kann mit Narrativen erweitert sein. Der Schluß ist eine die Handlung schnell zu Ende führende Folge von Narrativen, die durch *whnh* + Nominalsatz vorbereitet sein können; einmal ... eine ätiologische Formel. Dies sind die syntaktischen Merkmale des von Olrik aufgestellten Eingangsgesetzes und Gesetzes des Abschlusses.«[43]
Was hier zum Einsatz und Schluß ausgeführt ist, entspricht weithin den Gegebenheiten unserer Grundschicht von Gen 22. Der ursprüngliche Einsatz wurde durch eine spätere Bearbeitung verdrängt, in der sich eine schon fortgeschrittene Theologie meldet. Gegen die Ursprünglichkeit der Gottesrede am Einsatz der Erzählung und somit auch gegen die Rekonstruktion H. Graf Reventlows spricht, »daß Erzählungen nie mit einer Rede beginnen, sondern daß diese in der Erzählung die Funktion hat, den Höhepunkt vorzubereiten oder zu begleiten durch Zusammenführung der Hauptpersonen«[44].
Zu den mit *whnh* (= »siehe«) eingeleiteten Nominalsätzen führt W. Richter weiter aus: »Derartig eingeleitete Nominalsätze tragen einen gewissen Ton. Sie stehen am Ende von Einheiten, wenn sie das Ergebnis zeigen, dessen eine der handelnden Personen oder Gruppen mit Überraschung innewird. Hier dürfte ein Stilmittel der Hinführung auf den Erzählungsabschluß vorliegen ...«[45] L.

---

[41] Die stilkritisch ausgerichtete Arbeit von Dommershausen, Estherrolle, wirft für Gen 22 nicht viel ab, da wir es im Estherbuch mit *Kunstprosa* zu tun haben.
[42] Richter, Richterbuch 376.
[43] Richter, Richterbuch 376f.
[44] Richter, Richterbuch 376.
[45] Richter, Richterbuch 365.

Alonso-Schökel weist darauf hin — und das ist für unseren Text noch günstiger —, daß mit »siehe« eingeleitete Nominalsätze nicht nur ein Ergebnis, sondern auch eine Entdeckung anzeigen.[46] In der Tat werden nun auch gegen Ende der Einheit in Gen 22,13 zwei Nominalsätze mit »siehe« eingeleitet: »Siehe, hinten ein Widder, mit seinen Hörnern im Gestrüpp verfangen.« Und auch hier handelt es sich um Entdeckungen, die Abraham in eben diesem Augenblick macht. Zugleich leiten diese beiden Nominalsätze eine »die Handlung schnell zu Ende führende Folge von Narrativen«[47] ein, die von der gemachten Entdeckung her ausgelöst sind: er ging ... nahm ... schächtete ... nannte ... kehrte zurück. Die Nominalsätze in V. 13 sind selbst noch nicht der Schluß der Erzählung, sie führen erst auf den Schluß hin und bereiten ihn vor. Die Gesamthandlung findet ihr Ende erst in den folgenden Narrativen, in denen zudem auch noch eine ätiologische Formel begegnet.
A. Olrik führt zum Gesetz des Einganges und des Abschlusses aus: »man muß von dem ruhigen zum bewegten emporsteigen; und nach der schlußbegebenheit, die ja häufig den charakter einer katastrophe hat, muß sich die aufgeregte stimmung auf die eine oder andere weise besänftigen. ... ein größeres gedicht braucht mehrere solche ruhepuncte, ein kleines nur einen. hunderte von volksliedern enden nicht mit dem tode des liebespaares, sondern mit den beiden rosen die aus ihren gräbern emporsprießen und ihre zweige ineinander verschlingen. tausende von sagen fügen die rache des toten oder die bestrafung des bösewichts hinzu; oder geben eine örtlich fixierte fortsetzung der handlung ...«[48] Gehören die beiden Nominalsätze in V. 13 selbst noch nicht zum eigentlichen Erzählabschluß, so besänftigt sich die aufgeregte Stimmung eben noch nicht gleich nach dem Gotteswort. Erst in der ätiologischen Namengebung und in der Rückkehr zu den Knechten kommt das Ganze zur Ruhe, schließt sich der Kreis. In V. 5 beginnt die Spannung, steigt die Handlung »von dem ruhigen zum bewegten« empor, da sich jetzt alles auf den Vater und das Kind konzentriert, und sie klingt erst vollkommen aus in der Rückkehr von V. 19.

---

[46] Alonso-Schökel, Erzählkunst 166. — Es versteht sich von selbst, daß sich »Ergebnis« und »Entdeckung« nicht notwendig widerstreiten müssen, vgl. Ri 3,25, wo das Ergebnis der Tat Ehuds zugleich die Entdeckung der Diener ist.

[47] Richter, Richterbuch 377.

[48] Olrik, Epische Gesetze 2.

2. »Deutliche Gliederung des Aufbaus, nicht stereotype Abfolge von Narrativen. Die Gliederung kann erfolgen durch gezielten Gebrauch der Inversion, durch *wjhj* mit vorgezogener Zeitangabe, durch die Rede.«[49] Nun wurde oben schon erwähnt, daß sehr wohl damit zu rechnen ist, daß durch die literarische Überarbeitung durch den Elohisten gewisse syntaktische Feinheiten verlorengegangen sind. Trotzdem läßt sich noch eine Aufbaugliederung erkennen. So wird z. B. nach der Exposition und der wohl noch dazugehörigen Aufbruchsszene (VV. 1.3*) die Szene des dritten Tages (V. 4f), in der insofern etwas Neues geschieht, als sich Abraham von seinem Troß löst und sich das Interesse der Erzählung ganz auf ihn und das Kind konzentriert, durch eine Inversion vom Geschehen von V. 3 abgesetzt. Zwar ist es üblich, daß bestimmte präpositionelle Näherbestimmungen der Zeit vor dem Verb stehen, doch ist das in der Regel nicht der Fall, wenn es sich beim Verb um ein Perfectum consecutivum oder ein Imperfectum consecutivum handelt.[50] Da in V. 4 ein Imperfectum consecutivum vorliegt, der dritte Tag aber trotzdem vorangestellt ist, liegt hier eine vom Üblichen abweichende Inversion vor, die hier eine neue Szene markiert.
Eine mit *wjhj* eingeleitete Zeitangabe liegt in der Grundschicht nicht vor, doch findet sich die Gliederung durch die Rede. Dazu sei auf den nächsten Punkt verwiesen.

3. »Das Gespräch fehlt in keiner Erzählung. Es ist beschränkt auf die Hauptszene. ... Die Antwort kann durch stille Ausführung erfolgen. Es hat zwei Funktionen: entweder bildet es den Auftakt zur Hauptszene; der Schwerpunkt liegt dann in der Handlung. Oder es beherrscht die Hauptszene; das Gewicht liegt dann in ihr.«[51] In der Grundschicht von Gen 22 finden sich keine eigentlichen Gespräche, da die Antwort auf die imperativischen Reden bzw. auf die Mitteilung jeweils »durch stille Ausführung« erfolgt, aber das ist ja nicht außergewöhnlich. Die Beschränkung auf die Hauptszene findet sich auch in unserer Grundschicht, doch weisen die zwei Reden die beiden von W. Richter genannten Funktionen

[49] Richter, Richterbuch 377.
[50] Vgl. Gesenius-Kautzsch, Grammatik § 142g.
[51] Richter, Richterbuch 377.

auf. Die Rede von V. 5 bildet »den Auftakt zur Hauptszene«,[52] und in der Tat liegt dann der Schwerpunkt der Erzählung zunächst auch in der Handlung, in den Opfervorbereitungen Abrahams. Andererseits beherrscht die Rede von V. 12 die Hauptszene, indem sie die Wende des Geschehens herbeiführt und das Tieropfer ermöglicht.

Die weiteren von W. Richter angeführten Merkmale für eine Erzählung sind in Gen 22 nicht belegt oder es wurde bereits darauf verwiesen. So z. B. auf die Nominalsätze in V. 13, die nicht nur auf den Schluß hinführen, sondern auch Umstände angeben, die für den weiteren Handlungsablauf von Gewicht sind. Abraham kann den Widder nur opfern, weil dieser da ist und sich zudem im Gebüsch verfangen hat.

Außer diesen auf Syntax und Stilistik gründenden Kriterien verweist W. Richter auch noch auf die von A. Olrik aufgestellten epischen Gesetze der Volksdichtung, die im folgenden berücksichtigt werden. Doch darf man sich nicht wundern, wenn in der verhältnismäßig kurzen Grundschicht nicht alle epischen Gesetze A. Olriks begegnen. Das ist einfach umfangmäßig gar nicht möglich.

Auf das Gesetz des Eingangs und des Abschlusses wurde schon oben hingewiesen. Das Gesetz der Wiederholung ist im Sinne von A. Olrik in der Grundschicht nicht belegt und auch nicht zu erwarten. Die wesentlichen Züge darin sind gar nicht wiederholbar. Doch können sich in kurzen Erzählungen »Leitworte« finden, die durch »Wiederholung an hervorragender Stelle« Beziehungen erzeugen.[53] Ein solches Leitwort könnte in der Grundschicht *r'h* (= »sehen«) sein. Abraham erhebt in V. 4 seine Augen und *sieht* die Stätte, an der das Opfer vollzogen werden muß, von ferne. Und er erhebt in V. 13 wiederum seine Augen und *sieht* den Widder im Hintergrund, den er nun anstelle des Kindes opfern kann. Anschließend nennt er die Stätte, die er schon von ferne gesehen und an der er dann den Widder als Ersatzopfer gesehen hat, ›El *sieht*‹. Ist es reiner Zufall, daß dieses Leitwort »sehen« gerade dreimal in der Grundschicht vorkommt? »Die wiederholung ist fast immer mit der d r e i z a h l verbunden.«[54]

---

[52] Diese Funktion als Auftakt zur Hauptszene wird im E-Text nicht mehr recht deutlich, da durch den E-Einschub der Verse 6-8 die Rede von V. 5 zu weit von V. 9f weggerückt wurde.

[53] Alonso-Schökel, Erzählkunst 152.

[54] Olrik, Epische Gesetze 4. Dieses Leitwort wurde vom Elohisten in V. 8

Doch ist die Dreizahl nicht nur in der Wiederholung belegt, sie »ist auch ein gesetz für sich. ... drei ist die höchste zahl von menschen und dingen die man vorzuführen vermag«[55]. Dieses Gesetz der Dreizahl ist auch in der Grundschicht beachtet. Mehr als drei Personen treten nicht gleichzeitig auf. Lediglich in V. 5 scheint dem nicht so zu sein, denn hier begegnen Abraham, der Junge und die beiden Knechte. Doch ist zu beachten, daß die beiden Knechte nach dem Gesetz der Zwillinge — von dem gleich noch die Rede sein wird — als eine Einheit anzusehen sind, sie treten in ein und derselben Rolle auf.

Ferner nennt A. Olrik das Gesetz der szenischen Zweiheit. »zwei ist die höchste zahl der auf einmal auftretenden personen; drei personen gleichzeitig, mit eigenem charakter und eigener handlung, sind unstatthaft. ... die schilderung von Sigfrids drachenkampf kann als muster gelten; immer erscheinen nur zwei personen auf einmal auf der bühne ... das gesetz der zweiheit ist so streng, daß die vögel erst mit Sigfrid sprechen können, nachdem Regin (was episch überflüssig ist) sich schlafen gelegt hat. so kann auch die prinzessin des märchens dem drachenkampf nur als stumme person beiwohnen.«[56] Dieses Gesetz der szenischen Zweiheit wird in unserer Grundschicht ebenfalls nicht übertreten, weil z. B. in V. 5 der Knabe dem Geschehen als ›stumme person‹ beiwohnt, so wie die bedrohte Prinzessin den Drachenkampf verfolgt. Das gleiche gilt für V. 12; die mit eigenem Charakter und eigener Handlung auftretenden Personen sind Abraham und der sprechende El, das Kind — obwohl es um sein Geschick geht wie um das der Prinzessin im Drachenkampf — ist wiederum nur stummer Statist.

»Der scenischen zweiheit entspricht das große gesetz des gegensatzes ... dieser ganz einfache gegensatz ist eine hauptregel der epischen composition: jung und alt, groß und klein,

---

aufgegriffen, allerdings in einer anderen Bedeutung (vielleicht auch noch im zu postulierenden Namen von V. 2), und anklangartig (Assonanz) in V. 12b in *j^ere' '^elohîm* (= »gottesfürchtig«). Auch der nachelohistische Redaktor verwendet die Wurzel *r'h* in V. 14b, allerdings in der Nifal-Bedeutung *»erscheinen«*. In diesen beiden Erweiterungsschichten erweckt die Verwendung von *r'h bzw. jr'* fast einen künstlich gewollten Eindruck. Man spielt mit dem Klang, auch wenn die Bedeutungen nicht übereinstimmen.

55 Olrik, Epische Gesetze 4.

56 Olrik, Epische Gesetze 5.

mensch und unhold, guter und böser.«[57] In Gen 22 ist dieser Gegensatz in jung und alt, Kind und Vater, gegeben. Doch kommt der Gegensatz auch darin zum Ausdruck, daß anstelle des Menschenopfers ein Tieropfer dargebracht wird.
»Ferner machen wir die beobachtung, daß wenn zwei personen in derselben rolle auftreten, beide als klein und schwach gelten. durch diese enge verbindung können zwei personen dem gesetze der zwillinge unterworfen werden. ... wesen untergeordneten ranges erscheinen in der zweizahl ...«[58] Das trifft genau für die Knechte in der Grundschicht zu, sie sind untergeordneten Ranges, zu zweit und treten in derselben Rolle auf.[59]
Daß ferner der epische Schwerpunkt immer im Achtergewicht liegt, wird auch durch unsere Grundschicht bestätigt. Der Schwerpunkt liegt auf der Verschonung des Sohnes. Er war zwar zum Opfer bestimmt, bleibt aber am Leben. — Die weiteren Gesetzmäßigkeiten, die A. Olrik noch anführt, sollen nur kurz genannt werden. Daß sie sich auch in der Grundschicht von Gen 22 finden, muß kaum ausgeführt werden. »jede eigenschaft der personen und der dinge muß sich in handlung aussprechen, sonst ist sie nichts.«[60] »die volkspoesie ... ist immer einsträngig. sie geht nicht zurück, um fehlende voraussetzungen nachzuholen.«[61] »Immer gipfelt die sage in einer oder mehreren hauptsituationen plastischer art. die agierenden werden hier ganz nahe aneinandergerückt: der held und sein pferd; der heros und das ungeheuer ... Sigmund trägt selbst den toten sohn.«[62] In Gen 22 ist der Vater daran, den von ihm gefesselten und von ihm auf den Altar gelegten Sohn zu töten. »Die sage hat ihre logik. die motive die hervorgezogen werden, müssen einfluss auf die handlung üben ... Die einheit der handlung ist für die sage normal.«[63]

---

[57] Olrik, Epische Gesetze 6.
[58] Olrik, Epische Gesetze 6f.
[59] Die Ausscheidung von V. 5 durch Reventlow, Opfere deinen Sohn 50f. 56, und die damit zusammenhängende Ausscheidung von V. 19aα und von »seine beiden Knechte« in V. 3 läßt sich weder literarkritisch noch stilkritisch rechtfertigen. Gerade die Zweizahl der Untergebenen spricht für ihre Ursprünglichkeit.
[60] Olrik, Epische Gesetze 8.
[61] Olrik, Epische Gesetze 8.
[62] Olrik, Epische Gesetze 9.
[63] Olrik, Epische Gesetze 9.

»Das höchste gesetz der volksüberlieferung ist *concentration* um eine hauptperson ... Sehr interessant ist es zu sehen, wie die volksdichtung verfährt, da wo die sage zwei helden kennt. einer ist immer die *formale hauptperson*; die sage fängt mit *seiner* geschichte an, und äußerlich betrachtet kann er auch als die hauptperson gelten ... wenn mann und weib zusammen auftreten, ist der mann formale hauptperson; das eigentliche interesse aber liegt häufig in der frauengestalt. die vergessene braut und nicht der königssohn steht unserem herzen am nächsten ...«[64] So ist auch Abraham die formale Hauptperson, Isaak aber mag dem Herzen des Hörers näherstehen.

Damit ist die stilkritische Sichtung abgeschlossen. Es dürfte sich mit aller wünschenswerten Deutlichkeit gezeigt haben, daß die oben vorgestellte Grundschicht, die ohne Rücksicht auf stilkritische Überlegungen abgegrenzt und erarbeitet wurde, eine stilkritische Durchleuchtung nicht zu scheuen braucht. Vor ihr kann sie zumindest so gut bestehen wie die von H. Graf Reventlow erarbeitete Urfassung. Damit soll über diese keineswegs der Stab gebrochen sein. Vielmehr sollte damit nur gezeigt werden, daß die Stilkritik in ihrem gegenwärtigen Stadium nicht als Berufungsinstanz für literarkritische Fragen angegangen werden kann. Dafür sind ihre Kriterien noch viel zu allgemein, zumal dann, wenn man sich praktisch nur auf A. Olrik stützt.

5. Aussage, Gattung und Lokalisierungsversuch der Grundtradition

Die stilkritische Sichtung der Grundtradition von Gen 22 hat ergeben, daß diese Tradition in der Tat als Erzählung zu bestimmen ist. Offen bleibt jedoch zunächst noch die Frage, ob es sich um eine Familiengeschichte von der ›Rettung des zum Opfer bestimmten Sohnes‹ handelt oder um eine wie immer geartete kultätiologische Erzählung.

Wichtig ist jedoch festzustellen, daß sich in dieser Grundschicht – vom Namen Abraham einmal abgesehen – nichts findet, was für Israel und seine Religion typisch wäre. Zudem spricht das Vorkommen des Gottesnamens *'el jir āē* auch nicht gerade für einen

---

64 Olrik, Epische Gesetze 10.

israelitischen Ursprung der Tradition. Denn der in Gen 16 erwähnte — und mit dem *'el jir'āē* von Gen 22 doch wohl verwandte oder gar identische – *'el ro'î (r^{a}'î)* ist ja bezeichnenderweise auch keine israelitische Gottheit, sondern die Gottheit der beduinischen Ismaelleute, näherhin die Gottheit von Beerlachajroi.[65] Auf einen außerisraelitischen Ursprung kann auch der Umstand hinweisen, daß die heilige Stätte, an der diese Tradition einst gehaftet hat, in Israel später nicht mehr bekannt war. Da es gesichert scheint, »daß kein israelitisches Ritual jemals das Opfer der Erstgeborenen (sc. Kinder) vorgeschrieben« hat,[66] kann man unter Umständen ebenfalls folgern, daß diese Erzählung, in der das Kinderopfer selbstverständlich zu sein scheint, nicht in Israel selbst entstanden ist.[67] Aus der Tatsache, daß es keine alttestamentliche Opfervorschrift gibt, derzufolge die menschliche Erstgeburt durch ein Widderopfer auszulösen wäre, kann mit H. Graf Reventlow nicht geschlossen werden, daß V. 13 nicht kultätiologisch verstanden und interpretiert werden darf,[68] sondern höchstens, daß die Auslösungsart von Gen 22 unter Umständen nichtisraelitischer Herkunft ist.

Berücksichtigt man ferner, daß zur Zeit der nomadischen Existenz der israelitischen Stämme bei diesen keine Menschenopfer positiv nachzuweisen sind,[69] daß Israel zwar im Kulturland mit Menschenopfern bekannt wurde und solche auch ausnahmsweise praktiziert hat (vgl. Ri 11,30-40), im offiziellen Kult Israels aber keine Menschenopfer und keine menschlichen Erstgeburtsopfer dargebracht wurden,[70] die späteren Molochopfer vom Gesetz sogar mit

---

[65] Zu der Frage, welcher Art das Verwandtschaftsverhältnis von Abraham und Ismael ist, siehe Kilian, Abrahamsüberlieferungen 90-94.

[66] De Vaux, Lebensordnungen II 293.

[67] Hierbei bleibt nur die Frage offen, ob diese Tradition tatsächlich noch mit der Praxis der Kinderopfer rechnet oder nur noch mit der Praxis der Tieropfer. Darauf wird noch zurückzukommen sein.

[68] So Reventlow, Opfere deinen Sohn 39. Er sitzt hier wieder einmal mehr seinem oben III,3 Anm. 16 aufgezeigten Mißverständnis auf. Denn die hier verhandelte Vorlage ist ja wesentlich älter als die von Reventlow rekonstruierte Urfassung und kann deshalb nicht nur an späteren israelitischen Gegebenheiten und Vorstellungen gemessen werden.

[69] Vgl. Henninger, Menschenopfer 776.

[70] Zu den beiden Texten Ex 22,28f und 13,1f, in denen nicht nur die tierische, sondern auch die menschliche Erstgeburt sehr absolut und ohne Auslösungszusatz gefordert wird, schreibt de Vaux, Lebensordnungen

der Todesstrafe bedroht werden (Lev 20,2-5), dann fehlten in Israel eigentlich die Voraussetzungen für die Entstehung einer (kultätiologischen) Erzählung, die erklärt, warum man jetzt in Israel an einem ganz bestimmten Heiligtum ein Widderopfer darbringt anstelle des früher in Israel an diesem Heiligtum üblichen Kinderopfers. Selbst wenn man annimmt, es handle sich bei der Grundschicht von Gen 22 nur um die Legitimation und Erklärung eines Widderopferkultes an einer bestimmten Kultstätte und nicht um die kultgeschichtliche Ablösung eines dort vormals praktizierten Menschenopferkultes,[71] so stellt sich doch auch dann noch die Frage, warum Israel zu diesem Zweck gerade auf eine von ihm selbst nicht geübte Menschenopferpraxis zurückgreift. Ein israelitischer Rückgriff auf diesen Brauch wäre nur dann sinnvoll und könnte somit nur dann eigentliche Voraussetzung für die Entstehung dieser Tradition in Israel sein, wenn sich in der Erzählung vom Widderopfer in Gen 22 eine polemische Auseinandersetzung mit den Menschenopfern der Umwelt Israels abzeichnen würde. Eine solche polemische Spitze geht der Grundtradition jedoch ab. Das Menschenopfer wird einfach als bekannt und als nichts Außergewöhnliches vorausgesetzt.

Zieht man das Fazit aus diesen Überlegungen und berücksichtigt man, daß *'el jir'āē* keine israelitische Gottheit ist und die Kultstätte selbst in Israel spätestens zu elohistischer, aber sehr wahrscheinlich schon zu noch früherer Zeit nicht mehr bekannt war, dann empfiehlt es sich doch, die Grundtradition von Gen 22 als eine vor- bzw. außerisraelitische Tradition zu bestimmen.

Nach C. Westermann ist nur eine solche Erzählung eine ätiologische Erzählung, »in der der Weg von der Frage, die die Ätiologie auslöst, zur Antwort, die der ätiologische Schluß gibt, sich deckt mit dem Bogen, der von der Spannung zur Lösung führt«[72]. Oder einfacher: eine ätiologische Erzählung liegt nur dann vor, »wenn sich die Linie der Erzählung mit der Linie der Ätiologie völlig

---

II 293: »Der eine wie der andere Text versteht einfach stillschweigend dabei den Unterschied der Behandlung zwischen der menschlichen Erstgeburt und der der Tiere: alle gehören Jahwe, aber die einen werden losgekauft und die anderen geopfert.«

[71] Siehe dazu unten S. 104.

[72] Westermann, Arten der Erzählung 40.

deckt«[73]. In der Grundtradition von Gen 22 lautet die Frage: Wie kommt es, daß man an der heiligen Stätte *'el jir'āē* Tieropfer darbringt und keine Kinderopfer mehr, wie es dort früher doch offenbar üblich gewesen war? Die ätiologische Antwort, die auf diese Frage gegeben wird, deckt sich nun voll und ganz mit der Erzählung und mit der Linie der Erzählung. Auch wenn die ursprüngliche Exposition der Tradition uns nicht mehr erhalten ist, so berichten doch die Verse 3-5.9f von dem, was bisher an dieser Stätte üblich war. Am konkreten Beispiel eines Vaters wird erzählerisch entfaltet, wie dieser seine Vorbereitungen trifft, mit seinem Troß von zuhause aufbricht, sich nach geraumer Zeit von ihm löst und sich anschickt, sein Kind als Opfer darzubringen. Die Erzählung, so manche ausmalende Einzelzüge sie auch aufweist, führt kein Eigenleben, alles ist auf die heilige Stätte und auf das Opfer an dieser Stätte ausgerichtet. Die Verwicklung liegt darin, daß der Vater sein Kind opfern, ja sogar selbst opfern muß, und dies auf Grund einer althergebrachten Opferpraxis und nicht auf Grund eines ad hoc ergangenen Gotteswortes. Da diese Verwicklung aber das Übliche war, weil sich solches zu *'el jir'āē* wiederholt ereignete, liegt die Spannung dieser Erzählung nicht in der Verwicklung als solcher.[74] Die Spannung kommt erst durch die ätiologische Fragestellung hinzu. Der Hörer weiß, was man zu seiner Zeit an der heiligen Stätte opfert, aber er fragt: wie ist es zum jetzigen Kultbrauch gekommen? Die Spannung entsteht dadurch, daß die Erzählung zunächst auf den früheren Menschenopferritus hinzielt, der Hörer aber damit rechnen muß, daß irgend etwas Besonderes passiert, damit an Stelle des Kindes ein Tier geopfert und eine neue Kultpraxis begründend eingeführt wird. Das Besondere, das sich dann ereignet, ist die Rede Els, die das Schlachten des Kindes verbietet, und/oder die Entdeckung des Vaters, der auf einmal einen opferbereiten Widder im Gestrüp entdeckt. Er erkennt darin den Willen der Gottheit und schächtet den Widder anstelle seines Sohnes. Damit ist die Spannung gelöst und der neue Kultbrauch ätiologisch begründet.

Was in den beiden verbleibenden Teilversen noch nachfolgt, beruhigt — wie es nach A. Olrik üblich ist — die erregten Gemüter

---

73 Westermann, Arten der Erzählung 41.

74 Mit Recht macht Westermann, Arten der Erzählung 41, im Gegensatz zu Gunkel auf den Unterschied von »Verwicklung« und »Spannung« aufmerksam, sie müssen nicht notwendig identisch sein.

und läßt die Erzählung ausklingen. Das dürfte nicht nur für V. 19 gelten, sondern auch für V. 14a. Zwar macht auch dieser Halbvers eine ätiologische Aussage, aber diese muß doch als ein ätiologisches Nebenmotiv aufgefaßt werden. Es schließt sich zwar gut an das zuvor Erzählte an, und die Erzählung scheint das Verb *r'h* (= »sehen«) als Leitwort zu verwenden (VV. 4.13), doch ändert das nichts daran, daß die Linie der Erzählung nicht auf die Namengebung hinläuft, sondern auf das Substitutionsopfer. Zudem muß man auf Grund der Aussage der Grundtradition annehmen, daß diese heilige Stätte nicht erst durch das ›Ereignis‹ von Gen 22 bekannt wurde, sondern schon vorher zumindest bekannt und wahrscheinlich auch benannt war, und das doch wohl nach dem Namen des dort verehrten Gottes.[75] Doch durch die Verbindung der Namengebung mit der Erzählung ist auch der Name mit in das Geschehen der Grundtradition einbezogen und bedeutsamer geworden. So würde sich übrigens auch erklären, warum sich der Name der heiligen Stätte nicht so ohne weiteres aus der Erzählung und ihrer Aussage herleiten läßt, sondern einer mehr oder weniger künstlichen Deutung bedarf.[76] Der Name hat wohl kaum einen ursprünglichen Bezug zum Erzählungsgeschehen, sondern hängt einzig und allein mit dem Namen der dort verehrten Gottheit zusammen. Trotzdem ist die Namengebung keine sekundäre Erweiterung der alten Tradition. Der Erzähler hat die Namengebung wohl bewußt erwähnt, einmal, um den schon vorher bekannten Namen mit seiner ätiologischen Erzählung zu verbinden,[77] und zum anderen, um die Erzählung in der Namengebung und

---

[75] de Vaux, Lebensordnungen II 292, ist geneigt anzunehmen, »daß hinter dieser Erzählung ein alter Gründungsbericht eines Heiligtums steht, in dem von Anfang an Tiere geopfert wurden im Gegensatz zu anderen, kanaanäischen, Heiligtümern, wo man Menschenopfer darbrachte. Das würde aber die Schlußfolgerung bestätigen, die der Bericht auferlegt: von Anfang an hat die israelitische Religion Menschenopfer verworfen.« Dieser Schlußsatz mag zwar stimmen, nur kann er nicht mit Gen 22 bewiesen werden, weil hier zunächst das Menschenopfer nicht als etwas Außergewöhnliches in Erscheinung tritt. Daß es sich in Gen 22 um einen Gründungsbericht handeln soll, der die Andersartigkeit dieses Heiligtums betonen will, ist dem Text nicht zu entnehmen, ihm fehlt ja gerade diese polemische Spitze.

[76] Zu solchen Deutungsversuchen siehe oben S. 57f.

[77] Ähnlich verhält es sich auch mit der Altarbaunotiz in V. 9. Doch ist bei ihr nicht ganz klar, ob sie schon mit zum ältesten Traditionsstadium gehört hat oder nicht.

der nachfolgenden Rückkehr ausklingen und zur Ruhe kommen zu lassen.

Überblickt man das bisher Ausgeführte, dann wird man nicht umhinkönnen, diese Grundtradition von Gen 22 im Gegensatz zur E-Version als *kultätiologische Erzählung* zu bestimmen, die erklärt, warum zu *'el jir'āē* der Gottheit Widderopfer dargebracht werden. Offenbleiben muß jedoch die Frage, ob zu *'el jir'āē* einst wirklich Kinderopfer dargebracht wurden, sei es, daß jedwede männliche Erstgeburt oder nur aus ganz bestimmten Anlässen hin und wieder ein Kind geopfert wurde. Der Wortlaut der Tradition läßt zwar vermuten, daß dort einst wirklich Kinder geopfert wurden. Doch ist es auch möglich anzunehmen, zu *'el jir'āē* seien stets Tieropfer dargebracht worden, die aber durchweg und auch in späterer Zeit als Auslöseopfer, als Substitutionsopfer verstanden wurden. Eine ganz bewußte Substitutionsopferpraxis könnte eine ähnliche oder sogar gleiche kultätiologische Erzählung hervorgebracht haben. Ist diese zweite Annahme auch weniger wahrscheinlich, so ist sie doch immerhin möglich. Schließlich eröffnet J. Henninger im Anschluß an W. R. Smith[78] noch eine weitere Deutungsmöglichkeit für das Substitutionsopfer von Gen 22, wenn er ausführt: »W. R. Smith hat wohl richtig gesehen, daß die Erzählungen über den Ersatz früherer Menschenopfer durch Tieropfer in vielen Fällen sekundär sind: sie gehen dann nicht aus der Tatsache wirklicher früherer Menschenopfer hervor, sondern lediglich aus dem Umstand, daß der alte Ritus des Tieropfers nicht mehr verstanden wurde und deshalb einer solchen Erklärung bedürftig schien.«[79]

Gleich wie immer man die Kultätiologie des ältesten Kernes von Gen 22 nun auch deuten mag, welcher der drei Möglichkeiten man den Vorzug geben will, feststeht auf jeden Fall, daß diese Schicht ätiologisch die Frage beantwortet, warum man zu der Zeit, da diese Tradition entstanden ist, zu *'el jir'āē* ein Widderopfer darbringt. Keine der drei Möglichkeiten drückt das Alter der Tradition herunter, weil das Tieropfer nicht grundsätzlich jünger ist als das Menschenopfer,[80] zudem gehen ja alle drei Möglichkeiten von der Tatsache des Widderopfers aus, das ätiologisch erklärt bzw. begründet wird. Desgleichen besteht auch bei den beiden letzteren

---

[78] Smith, Religion 364-369.
[79] Henninger, Menschenopfer 788f.
[80] Siehe dazu Henninger, Menschenopfer 788-790.

Möglichkeiten keine Notwendigkeit, für die Grundtradition von Gen 22 einen israelitischen Ursprung anzunehmen. Ein solcher hat nach wie vor als höchst unwahrscheinlich zu gelten. Wenn auch das nomadische Israel keine Menschenopfer praktizierte, ist nicht einzusehen, warum israelitische Sippen einen für sie üblichen Tieropferbrauch gerade mit Hilfe eines zu *'el jir'āē* früher praktizierten Menschenopfers erklären und ätiologisch rechtfertigen sollten. Im übrigen spricht auf Grund der Aussage der Grundschicht von Gen 22 die Wahrscheinlichkeit doch dafür, daß zu *'el jir'āē* einst wirklich Menschenopfer dargebracht wurden.

Bestimmt man jedoch die kultätiologische Grundschicht von Gen 22 als eine einst vor- oder außerisraelitische Tradition, dann hat das zur Folge, daß der Name Abraham nicht schon immer und ursprünglich mit dieser Tradition verbunden gewesen sein kann. Wie Jakob in die Tradition von Gen 32, 23-33 Eingang gefunden und einen anderen ›Helden‹ verdrängt hat, so hat auch die Abrahamsgestalt in Gen 22 eine ältere Tradition absorbiert und eine andere, uns nicht mehr bekannte Vatergestalt verdrängt bzw. in sich aufgenommen. Wie das im einzelnen geschehen ist, kann nicht mehr ausgemacht werden. Doch legt sich zumindest die Vermutung nahe, daß sich der Adaptierungsprozeß der alten Tradition von Gen 22 auf Abraham ähnlich vollzogen hat wie die Verbindung Jakobs mit der Penuel-Tradition von Gen 32.[81] Abrahamsleute kamen im Vollzug ihrer Landnahme in ein Gebiet, in dem die Kultätiologie von *'el jir'āē* erzählt wurde, sei es als eigentliche Kultätiologie oder als Erzählung von der ›Rettung des zum Opfer bestimmten Sohnes‹.[82] In der Auseinandersetzung der Eingewanderten mit der angetroffenen Lokaltradition dürfte dann die Abrahamsgestalt die Vatergestalt der vorgefundenen Tradition verdrängt bzw. absorbiert haben. Möglich ist allerdings auch die Annahme, daß eine Sippe oder eine Gruppe von Sippen, bei der diese Lokaltradition bekannt und tradiert wurde, später im größeren Verband Israel aufgegangen ist und so die Lokaltradition, freilich dann von ihrem ursprünglichen Haftort wohl schon gelöst, in Israel eingebracht hat. Durch die sich im Werdeprozeß Israels entwickelnde Genealogie Abraham-Isaak wurde dann aus dem zum Opfer bestimmten Sohn Isaak.

---

[81] Siehe dazu oben I,1.

[82] Auf diese Frage wird unten IV,7 noch zurückzukommen sein.

Bereits bei der Exegese des E-Textes wurde darauf hingewiesen, daß der »dritte Tag« in 22,4 ziemlich unmotiviert erscheint. Man könnte geneigt sein, in dieser Angabe mit H. Graf Reventlow einen Ausläufer des Prinzips der Dreizahl zu erblicken.[83] Man könnte darin aber auch lediglich eine unbestimmte Zeitangabe erkennen im Sinne von: nach etlichen Tagen erblickte er die heilige Stätte. Zu denken geben jedoch — wie ebenfalls schon erwähnt — die Stellen Ex 3,18; 5,3; 8,23, weil auch in ihnen von einem drei Tagereisen dauernden Zug in die Wüste, um dort zu opfern, die Rede ist.[84] Diese Stellen hat man mit H. Schmid nun nicht der Exodustradition zuzuweisen, sondern einer eigenen Wüstenfesttradition.[85] Obwohl über das Wüstenfest selbst nicht mehr viel auszumachen ist,[86] so ist doch auffällig, daß immer wieder von einem dreitägigen Zug in die (der) Wüste die Rede ist.[87] H. Schmid hält es für denkbar, »daß wiederholt Familien aus Kadesch nach Ägypten abwanderten ..., um sich am Leben zu erhalten, aber auch wieder zurückkehrten. ... Vielleicht war man auch bestrebt, an kultischen Festen in Kadesch teilzunehmen, wohin man allerdings länger als drei Tage unterwegs gewesen wäre.«[88] Nach H. Schmid »darf damit gerechnet werden, daß ›drei Tage‹, ›am dritten Tag‹ usw. ein im Kult üblicher Termin ist (vgl. Gen 22,4 Ex 19,11)«[89]. Auffällig ist ferner die Tatsache, daß die Angaben von dreitägigen Zügen, um in der Wüste zu opfern, einen Bezug zur Sinaihalbinsel, vielleicht sogar direkt zu Kadesch haben.[90]

---

[83] So Reventlow, Opfere deinen Sohn 56.

[84] Ex 3,18b: »Jahwe, der Gott der Hebräer, ist uns begegnet, und nun, laß uns doch einen Dreitageweg in die Wüste ziehen und Jahwe, unserem Gott, Schlachtopfer darbringen.«

[85] Siehe dazu Schmid, Mose 39-43.

[86] Vgl. Schmid, Mose 45.

[87] Vgl. auch Ex 15,22. Nach Schmid, Mose 42 Anm. 11, könnte hier vielleicht ein Rudiment des Zuges zum Wüstenfest vorliegen. Das könnte auch für Num 10,33 gelten.

[88] Schmid, Mose 43.

[89] Schmid, Mose 42 Anm. 11.

[90] Ex 19,11 spielt zwar auch auf der Sinaihalbinsel, aber hier ist nicht von einem dreitägigen Zug die Rede. Insofern kann man diese Stelle ausscheiden. Hier könnte in der Tat rein erzählerisch das Prinzip der Dreizahl vorliegen. — Lehmann (Auferweckt am dritten Tag 180f) ist den alttestamentlichen Ereignissen nachgegangen, die »am dritten Tag« stattfinden, und erzielte dabei folgendes Ergebnis. »Einige dieser Er-

Wenn aus diesen Beobachtungen nun auch kein sicherer Schluß gezogen werden kann, so legt sich doch immerhin die Vermutung nahe, daß in den Wüstengebieten südlich Palästinas, vielleicht sogar in der Gegend um Kadesch, einst Nomaden Wüstenfeste mit Opfern feierten, zu denen man ursprünglich in einer dreitägigen Wallfahrt hinzog. Der Dreitageweg könnte sich später noch als feste Festbrauchtradition erhalten haben, auch wenn man sich schon so weit entfernt hatte, daß man mehr als drei Tage zur Anreise brauchte, wie im Falle des zu postulierenden Zuges von Ägypten nach Kadesch.[91] Waren solche Feste mit einem dreitägigen Anreiseweg (dreitägige Wallfahrt) in der südlichen Wüste bekannt, und zwar als Feste von (noch) nichtisraelitischen Nomaden — auch wenn diese später dann wenigstens teilweise im Volk Israel aufgegangen sind —, und findet sich nun auch in der Grundtradition

---

eignisse spielen eine ganz besondere Rolle in der Heilsgeschichte Israels, so daß wir nicht nur mit einer *allgemein* bedeutsamen Redewendung zu rechnen haben, sondern mit einer zutiefst *theologisch* geprägten ›Zeit‹-Bestimmung: *Der dritte Tag bringt die Wendung zum Neuen und Besseren, Gottes Barmherzigkeit und Gerechtigkeit schafft eine neue ›Zeit‹ des Heils, des Lebens, des Sieges; der dritte Tag bringt eine Sache von Entscheidung durch Gottes Heilstat zur endgültigen und Geschichte schaffenden Lösung.*« Dieses Ergebnis mag als theologische Interpretation zwar seine Gültigkeit haben, doch ist dabei die traditionsgeschichtliche Verwurzelung und Entfaltung des »dritten Tages« in den einzelnen Textgruppen nicht berücksichtigt. Lehmann geht nicht eigens der Frage nach, ob es sich bei diesen Zeitangaben um Auswirkungen des Prinzips der Dreizahl, um ungefähre Zeitangaben oder um einen kultisch geprägten Termin handelt. Im Rahmen seiner Untersuchung freilich konnte und mußte er diese Fragen auch nicht erörtern. In unserem Zusammenhang muß jedoch stärker differenziert werden — so sind hier z. B. nur jene Stellen von Belang, an denen ein dreitägiger Wüstenzug belegt ist — und muß nach möglichen Traditionszusammenhängen gefragt werden, auch wenn kein sicheres Ergebnis erzielt werden kann.

[91] Die Annahme, es habe sich einst um ein dreitägiges Fest gehandelt und daraus sei erst der Dreitageweg geworden, ist unwahrscheinlich, weil die Dreizahl in diesen Zusammenhängen immer mit dem Zug verbunden ist. Zudem ist bei Nomaden in diesen Gebieten, wenn sie zu gemeinsamen Festen zusammenkommen, immer mit einem mehr oder minder großen Anreiseweg zu rechnen, der sich dann als zum Festritus selbst dazugehörig entwickeln konnte, nämlich als dreitägige Wallfahrt. Mußte man noch weitere Wege zurücklegen, so konnten dann doch erst die drei letzten Tage als zum Fest dazugehörig aufgefaßt werden.

von Gen 22 ein solch dreitägiger Zug, dann ist es äußerst fraglich, ob man den dritten Tag von 22,4 als einen Ausläufer des Prinzips der Dreizahl bestimmen darf. Wahrscheinlicher ist es doch, diesen Dreitageweg zwar nicht direkt mit der Wüstenfesttradition des Buches Exodus und jenem Wüstenfestzug aus Ägypten nach Kadesch in Verbindung zu bringen, wohl aber mit einem Brauchtum in der Wüste südlich von Palästina. Was man mit H. Schmid vielleicht für Kadesch vermuten darf, das kann man für andere nomadische Heiligtümer jener Gegend nicht von vornherein ausschließen, zumal kultische Begehungen bei Nomaden an ganz bestimmten heiligen Stätten immer mit Zügen (oder Wallfahrten) zu diesen Stätten verbunden sind, ganz gleich ob es sich bei solchen Begehungen um ein mehr privates Geschehen handelt, von dem nur eine Sippe oder deren pater familias betroffen ist, oder um ein mehreren Sippen gemeinsames Kultgeschehen.

Für die Annahme, daß der in Gen 22,4 überlieferte Dreitageweg in Zusammenhang zu bringen ist mit nomadischen Kultbräuchen, näherhin mit nomadischen Wallfahrtstraditionen, wie sie z. B. für Kadesch durch die Wüstenfesttradition bezeugt zu sein scheinen, könnte auch der Name *'el jir'āē* sprechen. Denn der in Gen 16 bezeugte El Roi ist eben als eine Gottheit von Beduinen zu Beerlachajroi zu bestimmen. Wenn es uns auch nicht mehr gelingt, dieses Beerlachajroi genau zu lokalisieren, so muß es doch im Negeb gelegen haben, »d. h. in dem Wüstengebiet und Wanderhirtenbereich südlich des westjordanischen Kulturlandes«[92]. In eben dieses Gebiet weist aber auch die Kadeschhypothese zur Wüstenfesttradition von H. Schmid.

Ferner ist noch zu berücksichtigen, daß die Erzählung von Gen 22 durch V. 19b in die Gegend von Beerscheba verwiesen wird. In der E-Konzeption kann angenommen werden, daß Abraham von Beerscheba aufgebrochen ist, um zu *'el jir'āē* das Opfer zu vollziehen, und danach wieder nach Beerscheba zurückgekehrt ist. Nun ist zwar richtig, daß V. 19b erst vom Elohisten stammt und nicht schon der Grundtradition zugehört. Doch ist damit noch nicht erwiesen, daß diese Lokalisierung völlig wertlos ist, d. h. daß der Elohist diese Lokalisierung willkürlich vorgenommen hat. Das läßt sich leicht an einem Beispiel aufzeigen.

Es hat als sicher zu gelten, daß der Zug Abrahams von der Ge-

---

[92] Noth, Pentateuch 120.

gend um Bethel nach Mamre/Hebron, wie er in Gen 13,18 berichtet wird, weder der Grundtradition von Gen 13 noch der von Gen 18 zugehört, sondern einem vorjahwistischen Redaktor, der damit die ihm vorgegebenen Traditionen von Gen 13 und 18f kompositorisch miteinander verbunden hat.[93] Und es kann ebenfalls als sicher gelten, daß das, was in Gen 18 über Abraham und den Besuch der drei Männer erzählt wird, sich nie so zugetragen hat, weder in Mamre/Hebron noch anderswo,[94] sondern nur erzählt wurde, um Abraham mit der Tradition des Sodomgeschehens in Verbindung zu bringen.[95] Doch ergibt sich trotz all dieser Einschränkungen, daß die Tradition von Gen 19 zur Zeit, als sich Abrahamsleute in der Gegend von Mamre/Hebron festsetzten, in der Gegend von Mamre/Hebron verhaftet war und dort überliefert wurde.[96] Mag so die Erzählung von Gen 18 auch eine israelitische Tradition sein, die jünger ist als die Sodomtradition von Gen 19, und mag Gen 13,18 auch auf einen noch späteren Redaktor zurückgehen, so kann man ihnen doch entnehmen, daß die Sodomtradition einst in Mamre/Hebron tradiert wurde, ja dort vielleicht sogar entstanden ist. Das heißt aber: kann man aus Gen 13,18 und Gen 18 auch nicht schließen, daß Abraham von Bethel nach Mamre/Hebron gezogen ist und ihm dort Jahwe zusammen mit zwei göttlichen Boten erschienen ist, so kann man dieser Erzählung doch entnehmen, daß die Sodomtradition einst auf diese oder jene Weise mit Mamre/Hebron verbunden war. Damit wirft das später Entstandene etwas für die Lokalisierung des Älteren ab.

Nun kann zwar von Gen 18f her nicht behauptet werden, daß es sich in Gen 22 ganz ähnlich verhalte. Aber es dürfte deutlich geworden sein, daß spätere Lokalisierungen einer älteren Tradition nicht ohne weiteres von der Hand zu weisen sind, zumal dann,

---

93 Siehe dazu Kilian, Abrahamsüberlieferungen 25-28.

94 Daß Abraham eine Sohnesverheißung empfangen hat, wird damit nicht bestritten, sondern nur, daß sie ihm in dem von Gen 18 berichteten Zusammenhang zugegangen ist.

95 Siehe dazu oben I,2.

96 Ob es sich hier allerdings um den ursprünglichen Haftpunkt der Sodom-Lot-Tradition handelt, kann bestritten werden. Noth, Pentateuch 167ff, meint, die Sodomtradition von allem Anfang an mit Hebron in Verbindung bringen zu müssen, während m. E. auch einiges für das südöstliche Randgebiet des Toten Meeres spricht, vgl. Kilian, Abrahamsüberlieferungen 139f.

wenn sich keine tendenziösen Absichten erkennen lassen.[97] Gerade bei ursprünglich ortsgebundenen nichtisraelitischen Traditionen ist anzunehmen, daß Israel bzw. einzelne Sippen diese Traditionen in der Nähe ihres Haftpunktes, wo sie zunächst erzählt wurden, kennenlernten, sich dort damit auseinandersetzten und sie schließlich adaptierten.[98] So wurden diese Traditionen auch in ihrer israelitisierten Form zunächst ebenfalls an den alten Haftpunkten oder in deren unmittelbarer Umgebung weiter überliefert, weil sie zunächst nur dort sinnvoll waren. Wenn somit der Elohist durch 22,19b die Stätte des Isaakopfers in der näheren oder weiteren Umgebung Beerschebas lokalisiert, dann muß das nicht notwendig eine falsche Lokalisierung sein. Es kann auch angenommen werden, daß die Abraham adaptierte Tradition von Gen 22 einst in oder um Beerscheba herum erzählt wurde, weil sie ursprünglich in dieser Gegend entstanden war. Diese Annahme empfiehlt sich nicht zuletzt wegen des Gottesnamens *'el jir'āē*, der, wie schon wiederholt erwähnt, ob seiner Verwandtschaft mit dem für Beerlachajroi bezeugten El Roi, ebenfalls auf den Negeb hinweist. Berücksichtigt man noch die obigen Ausführungen zum Dreitageweg, der ebenfalls in das südliche Wüstengebiet weisen kann, dann scheint die elohistische Angabe in V. 19b doch nicht völlig aus der Luft gegriffen zu sein.

Wenn wir, wie M. Noth zu Recht festgestellt hat,[99] das Heiligtum *'el jir'āē* auch nicht mehr genau zu lokalisieren vermögen, so hat sich jetzt doch gezeigt, daß diese Stätte mit einiger Wahrscheinlichkeit im Negeb, vielleicht in der Gegend um Beerlachajroi (?) und Kadesch zu suchen ist. Diese Lokalisierung ist zwar nicht sicher, aber sie scheint auch mehr als nur eine bloße Vermutung zu sein. Wenn hier die Gegend von Kadesch genannt wird, dann nur, weil dort dreitägige Wallfahrtszüge überliefert zu sein scheinen, nicht aber weil die Wüstenfesttradition und die Grundtradition von Gen 22 als miteinander direkt verwandt ausgewiesen werden sollen. Wenn wir auch von der Wüstenfesttradition inhaltlich nicht viel wissen, so dürfte es sich bei ihr doch nicht um Menschenopfer

[97] Eine tendenziöse Lokalisierung liegt z. B. in dem späteren Morijjā-Einschub in Gen 22,2 vor.

[98] Vgl. dazu etwa den Kampf Jakobs am Jabbok.

[99] Noth, Pentateuch 126. — Schmitt, Landtag 63 Anm. 15, vermutet das Heiligtum von Isaaks Opferung in der Wüste und denkt dabei an die Gegend von Paran.

oder dergleichen gehandelt haben. Gemeinsam dürfte beiden Kulttraditionen nur eine dreitägige Wallfahrt zu ihrem jeweiligen Kultort sein, also ein Zug durch die Wüste, wie er für Nomaden üblich war, wollten sie zu einem bestimmten Anlaß zu einem bestimmten Kultort gelangen.

Im Zusammenhang der Lokalisierung der Grundtradition stellt sich nun allerdings noch die Frage, ob und wo im palästinensischen Raum in alter Zeit Menschenopfer überhaupt dargebracht wurden.[100] Wie die Ausgrabungen von Gezer, Taʿannak und Megiddo gezeigt haben, waren im alten Kanaan Menschenopfer — vor allem Kinderopfer — tatsächlich bekannt und wurden dort als feste Gewohnheit praktiziert. »Das Vorkommen von Kinderleichen in größerer Zahl (und zwar in Gezer von Kindern, deren keines über eine Woche alt geworden war), spricht für die Praxis von Kinderopfern an bestimmten Tagen bald nach der Geburt ... Der Ritus dieser Opfer war teilweise die Verbrennung, teilweise (vermutlich in älterer Zeit) das Lebendigbegraben.«[101] Desgleichen sind auch bei den Phönikiern Menschenopfer nachzuweisen. Sie wurden nicht nur Melkart, dem Stadtgott von Tyrus, dargebracht, sondern auch dem Gott El.[102]
Da nun der schon erwähnte *baal roʾî* eine kanaanäische Gottheit war, die bis nach Ägypten hinunter verehrt wurde und die vielleicht mit dem El Roi der Ismaeliten identisch oder doch verwandt ist,[103] kann es als sicher gelten, daß sich das Einflußgebiet kanaanäischer Götter bis in die Wüsten- und Oasengebiete südlich von Kanaan erstreckte. Ist dem aber so, dann kann man nicht ausschließen, daß sich gewisse Kultbräuche Kanaans, vielleicht auch

---

100 Da die Frage nach den Menschenopfern von Henninger, Menschenopfer 721-805, unter Berücksichtigung der einschlägigen Literatur ausführlich erörtert ist, können wir uns hier auf das Notwendigste beschränken. Im Rahmen der hier anstehenden Fragen können auch die im 8.-6. Jh. v. Chr. in Israel bezeugten Menschenopfer außer acht gelassen werden. Doch mag angemerkt sein, daß keinerlei Veranlassung zu der Annahme besteht, die Jahwe-Religion Israels habe vor der deuteronomischen Reform Menschenopfer gutgeheißen. Siehe dazu auch de Vaux, Sacrifices 49-81.
101 Henninger, Menschenopfer 778.
102 Henninger, Menschenopfer 779f.
103 Siehe dazu Eichrodt, Theologie I 114. Er rechnet in der Tat mit einem »Herüberwirken kananäischer Einflüsse auf den ismaelitischen Stammgott«.

der des Kinderopfers, auch noch an den südlichen Randgebieten Kanaans etablieren und einige Zeit erhalten konnten. Wenn man heute auch dazu neigt anzunehmen, daß Menschenopfer nicht in der nomadischen, sondern in der Ackerbau treibenden Kultur verwurzelt sind,[104] so zeigt doch etwa das Beispiel der nordarabischen Oase Dūma — wenn auch zu späterer Zeit —, daß gerade in Randgebieten auch Beduinen solche Kultbräuche übernehmen konnten.[105] Somit schließt der Nachweis, daß zur fraglichen Zeit Menschenopfer nur im eigentlichen Kanaan und in Phönikien belegt sind, nicht aus, daß solche Bräuche nicht auch in den südlichen Randgebieten Kanaans — wenigstens zeitweise — praktiziert wurden, selbst wenn sie für diese Gebiete nicht belegt sind, ja in diesen Wüsten- und Steppengebieten kaum bezeugt sein können.

Somit besteht vom sicheren Vorkommen von Menschenopfern in Kanaan und vom nicht bezeugten Vorkommen von Menschenopfern im Gebiet des Negeb aus kein direkter Anlaß, *’el jir’āē* nicht im Negeb zu lokalisieren. Allerdings muß zugleich betont werden, daß die oben vorgeschlagene Lokalisierung von *’el jir’āē* lediglich eine — wenn auch nicht unwahrscheinliche — Vermutung ist, diese Stätte könnte sich auch in Kanaan selbst befunden haben. Dort vermutet sie z. B. H. Gunkel, der annimmt, die älteste Schicht von Gen 22 sei die Kultsage vom Kinderopfer zu J^{e}ru’el gewesen und meint, J^{e}ru’el sei ein Ort in der Nähe der Wüste J^{e}ru’el.[106] J. Wellhausen vermutet den alten Opferort in der Gegend von Sichem,[107] während O. Procksch den Garizzim bei Sichem für den ursprünglichen Kultort hält.[108] Doch sind alle diese Lokalisierungsversuche ebenfalls nicht mehr als Vermutungen, die zudem ziemlich willkürlicher Natur sind.

Schließlich ist noch zu bedenken, daß die Grundschicht von Gen 22 zwar nahelegt anzunehmen, zu *’el jir’āē* seien einst wirkliche Menschenopfer dargebracht worden. Doch wurde oben schon dargelegt, daß die Grundtradition selbst dies nicht unbedingt fordert.[109] Die

---

[104] Vgl. Henninger, Menschenopfer 801-803.

[105] Siehe dazu Henninger, Menschenopfer 745-747.

[106] Gunkel, Genesis 240-242. Doch vgl. dazu auch de Vaux, Sacrifices 62 Anm. 3: »Mais, dans ce seul texte (nämlich 2 Chr 20,16) qui mentionne Yeruel, il s’agit d’une région du désert de Juda et non d’une localité, et il n’est pas question d’un sanctuaire.«

[107] Wellhausen, Composition 19.

[108] Procksch, Genesis 315f.

[109] Siehe dazu oben S. 104.

Namengebung als ätiolog. Nebenmotiv

Verehrer des *'el jir'āē* im Negeb könnten sich von dem ihnen aus Kanaan bekannten Brauch des Kinderopfers nicht nur sehr früh, sondern gleich von allem Anfang an abgesetzt haben als einer ihrer beduinischen Eigenart nicht entsprechenden Kultpraxis. Auch dafür könnte die Grundtradition unter Umständen Zeugnis ablegen. Doch ist gegen diese Annahme einzuwenden, daß der Grundtradition jegliche polemische Spitze abgeht.

6. Eine Erzählung — mehrere Motive — zwei Traditionen?

Der Hinweis auf die Wüstenfesttradition, zu der zwar ein Dreitageweg in die Wüste oder in der Wüste mit einem sich anschließenden Kult gehört, aber doch wohl kein Menschenopferkult oder dessen Substitutionskult — wenigstens lassen die spärlichen Angaben über das Wüstenfest einen solchen Schluß nicht zu —, wirft für die Grundtradition von Gen 22 zumindest theoretisch die Frage auf, ob hierin nicht zwei an sich verschiedene Motive zu einer einheitlichen Erzählung zusammengewachsen sind. Bei den beiden Motiven könnte es sich einmal um ein Wallfahrtsmotiv handeln und zum andern um ein Auslösemotiv. Ob diesen beiden Motiven einst jeweils ausführlichere Traditionen zugrunde lagen, nämlich eine Wallfahrtstradition einerseits und eine Menschenopfertradition andererseits, ist zwar fraglich, soll jedoch im folgenden zu klären versucht werden.

Versucht man die Grundtradition nach den beiden genannten Motiven zu gliedern, dann muß wohl alles, was direkt vom Zug zur heiligen Stätte erzählt oder indirekt damit zusammenhängt, dem Wallfahrtsmotiv (oder der Wallfahrtstradition) zugeordnet werden. Dem Auslösemotiv ist dagegen zuzuweisen, was direkt oder indirekt mit dem Kinder- bzw. Widderopfer zusammenhängt. Wurde im vorausgegangenen Abschnitt[110] die Namengebung als ein ätiologisches Nebenmotiv bestimmt, dann kann V. 14a aus der jetzt anstehenden Fragestellung ausgeklammert werden. Da die nicht mehr erhaltene, nur noch zu postulierende Exposition der Erzählung sich auf die Erzählung als Ganzes bezogen haben dürfte, nicht aber auf dieses oder jenes Motiv, kann sie ebenfalls unbe-

---

[110] Siehe oben IV,5: Aussage, Gattung und Lokalisierungsversuch.

rücksichtigt bleiben. Bei einer nach diesen Gesichtspunkten durchgeführten Gliederung ergeben sich die beiden folgenden Textblöcke:

Wallfahrtsmotiv	Auslösemotiv
3 A[111] machte sich frühmorgens auf, sattelte seinen Esel, nahm seine beiden Knechte mit sich und ging zu der (heiligen) Stätte. 4 Am dritten Tag erhob A seine Augen und sah die (heilige) Stätte von ferne. 5 Da sprach A zu seinen Knechten: Bleibet hier mit dem Esel. Ich aber gehe	mit dem Knaben
dorthin, um anzubeten, dann kehre ich zu euch zurück. 9 Und er kam zu der (heiligen) Stätte.	
	(Dort baute A den Altar.)[112] Er fesselte den Knaben (oder: seinen Sohn) und legte ihn auf den Altar. 10 Dann streckte A seine Hand aus, um den Knaben zu schächten. 11 Da rief ihn El an, 12 er sprach: Strecke deine Hand nicht gegen den Knaben aus, tue ihm nichts an! 13 Da erhob A seine Augen und sah, siehe, hinten war ein Widder, der sich mit seinen Hörnern im Gestrüpp verfangen hatte. Da ging A hin, nahm den Widder und schächtete ihn anstelle seines Sohnes.
19 Dann kehrte A zu seinen Knechten zurück.	

[111] Da oben in IV,5 »Abraham« als nicht ursprünglich erkannt wurde, wird hier nur das Sigel A verwendet.

[112] Dieser Satz ist eingeklammert, weil nicht sicher ist, ob er bereits mit zur ursprünglichen Gestalt der Grundtradition gehört hat.

Wie man sieht, läßt sich eine Scheidung in zwei Schichten verhältnismäßig leicht durchführen. Lediglich in V. 5 entstehen gewisse Schwierigkeiten, weil hier »mit dem Knaben«[113] aus der Wallfahrtsschicht herausgelöst und der Auslöseschicht zugeschlagen werden muß, da der Knabe motivmäßig doch wohl der Auslöseschicht zugehören dürfte. Doch so leicht »mit dem Knaben« aus V. 5 herausgelöst werden kann, ohne daß V. 5 inhaltslos wird, so leicht konnte »mit dem Knaben« einst in V. 5 bei der Verbindung der beiden Schichten[114] eingeschoben werden. Zu diesem zugegebenermaßen schwachen Argument kommt jedoch noch eine andere Beobachtung hinzu. Oben wurde bereits darauf hingewiesen, daß in V. 5 das Nomen *nă^căr* gleich zweimal vorkommt, und zwar in je verschiedener Bedeutung. Zunächst hat es die Bedeutung von »Knecht« und dann die von »Knabe«. Das ist in ein und demselben Vers zweifellos auffällig, ja geradezu ungut. Da *năʿăr* als »Knecht« auch noch in den Versen 3 und 19 belegt ist und nicht als sekundäre Erweiterung ausgeschieden werden kann, *năʿăr* als »Knabe« jedoch noch in der Auslöseschicht von V. 12a vorkommt, legt sich auch von daher der Verdacht nahe, *năʿăr* in der Bedeutung von »Knecht« gehöre der Wallfahrtsschicht an (VV. 3.5.19), *năʿăr* als »Knabe« jedoch der Auslöseschicht (VV. 5.12).[115] Jedenfalls ließe sich so der eigenartige Bedeutungswechsel von *năʿăr* in V. 5 am ehesten erklären.

Für die Annahme, daß die Grundtradition von Gen 22 aus zwei verschiedenen Motiven, Schichten, ja vielleicht sogar aus zwei ursprünglich selbständigen Traditionen zusammengefügt bzw. zusammengewachsen ist, können folgende Momente sprechen:

a) Die beiden Schichten lassen sich voneinander trennen, ohne daß eine ihren Charakter und ihren Sinn verlieren würde. Sie sind auch aus dem heutigen Text noch als relativ geschlossene und selbständige Einheiten herauslösbar.
b) Die beiden Schichten sind untereinander weniger eng verbunden als mit der späteren elohistischen Überarbeitung, die den alten Stoff intensiver durchdringt, wie die verschiedenen E-Zusätze zeigen.

---

[113] Im Masoratext: »und der Knabe«.
[114] Über diese Verbindung wird noch eigens zu reden sein.
[115] Vielleicht hieß es einst auch in V. 10 und V. 13 »Knabe« anstelle von »Sohn«. Doch ist das nicht mehr sicher auszumachen.

c) Die Wallfahrtsschicht hat die heilige Stätte zum Mittelpunkt, zu der hin man aufbricht, die man von ferne sieht, die man aufsucht, um die dortige Gottheit zu verehren. All das sind typische Züge einer Wallfahrt. Daß an dieser Stätte auch ein ganz bestimmtes Opfer dargebracht wurde, ist dem Text nicht zu entnehmen. *hištăḥ^{a}wā* (V. 5) hat an sich nur die Bedeutung von »sich tief beugen, Proskynese vollziehen, kultisch huldigen«.

   Die Auslöseschicht konzentriert sich ganz und gar auf das Kinderopfer und dessen Auslösung in einem Ersatzopfer. Hier scheint ein ganz bestimmter Opferkult durch. Von einer Proskynese ist hier nicht die Rede.

d) Nach der Aussage von V. 5 will der Wallfahrer an der heiligen Stätte nur beten. Dieser Vers sollte solange nicht als Vorwand den Knechten gegenüber, nicht als Verschleierungsversuch angesehen werden, als ein anderes Verständnis möglich ist, nach dem V. 5 der Wahrheit entspricht.

e) Würde es sich nicht wenigstens um zwei einst verschiedene Motive handeln, dann wäre zu fragen, weshalb eigentlich der lange Anmarschweg berichtet wird, wobei immer wieder auf die heilige Stätte hingewiesen wird, wenn das Ziel der Erzählung doch einzig und allein das Auslöseopfer ist, bei dem die Stätte selbst so sehr in den Hintergrund tritt, daß sie gar nicht mehr eigens erwähnt wird. Versteht man die aufgezeigte Wallfahrtsschicht nur als Vorspann zur Auslöseschicht, der ihr schon immer und eben nur als Einleitung und Hinführung zugehörte, so wird man dem Eigengewicht der Wanderung kaum gerecht.

f) Schließlich würde durch eine Aufgliederung in zwei Schichten nicht nur das zweifache und doppeldeutige *nă῾ăr* (»Knecht« und »Knabe«) in V. 5 verständlich, zugleich würde sich auch erklären, warum der Knabe im ersten Teil der Erzählung keine Erwähnung findet.

Gegen eine Aufgliederung der Grundtradition von Gen 22 ist hauptsächlich vorzubringen, daß nach der oben vorgenommenen Schichtenteilung die Wallfahrtsschicht nicht vollständig erhalten ist. Es muß angenommen werden, daß ihr eine Partie verlorengegangen bzw. weggebrochen worden ist, nämlich jene, in der nach der Ankunft an der heiligen Stätte berichtet wurde, was der Wallfahrer dort tat. Zumindest erwartet man eine Nachricht darüber,

daß der Ankömmling dort betete. Andererseits fehlt der Auslöseschicht eine eigene Einleitung.
Diese ›Mangelerscheinungen‹ dürfen weder unberücksichtigt bleiben noch bagatellisiert werden. Nur ist eben zu fragen, ob das Fehlen dieser Einzelzüge in den beiden Schichten nicht gerade auf die Verbindung, auf das Zusammenwachsen der beiden Motive bzw. Schichten zurückzuführen ist. Denn beim Zusammengehen zweier ursprünglich selbständiger Größen ist es üblich, daß Einzelzüge dieser Größen verlorengehen bzw. gerade durch die andere Tradition ersetzt werden. Das heißt, es könnte in Gen 22 durchaus so sein, daß eine etwas blasse Schilderung des Tuns des Wallfahrers an der heiligen Stätte durch das auch erzählerisch farbigere Auslösemotiv ersetzt wurde und umgekehrt eine erzählerisch blasse Einleitung des Auslösemotivs durch das anschaulichere Wallfahrtsmotiv verdrängt wurde. Solche Vorgänge finden sich häufiger im Alten Testament.
Es mögen wenigstens zwei Beispiele für einen derartigen Vorgang angeführt werden. Die älteste Schicht von Gen 18,1-10 ist eine auf Abraham übertragene und um ein Verheißungsmotiv erweiterte Nacherzählung von Gen 19,1-3. Später wurde durch den jahwistischen Zusatz 18,9aβ-15 das ursprünglich recht allgemeine Nachkommenverheißungsmotiv durch eine farbigere, spezifische Isaaksverheißung verdrängt. Und mit dieser Verdrängung ging Hand in Hand die Steigerung des Wunderbaren.[116] Ähnliches findet sich in der Anekdote von der Totenerweckung durch Elisa in 2 Kön 4,8-30. Hier hatte in einer älteren Traditionsgestalt ursprünglich Gechasi im Auftrag Elisas und mit Hilfe des Elisa-Stabes den toten Jungen wieder zum Leben erweckt. Beim Zusammentreffen dieser Elisatradition mit der thematisch verwandten Eliatradition (1 Kön 17,17-24) drang die Eliatradition in die Elisatradition ein und hat einen Teil der Elisatradition, nämlich die Art der Erweckung des Jungen, überlagert bzw. verdrängt. Die Eliatradition war in diesem Punkt die erzählerisch stärkere, lebendigere und damit dankbarere, da in ihr nicht nur ein Stab auf das tote Kind gelegt wird, sich vielmehr der Prophet selbst über den Toten kauert und ihm gleichsam im Zeichen der Erstbelebung etwas von seinem Leben überträgt.[117]

[116] Siehe dazu Kilian, Abrahamsüberlieferungen 148-160.
[117] Siehe dazu Kilian, Totenerweckungen 44-56.

Die Verbindung bzw. das Zusammenwachsen der beiden Schichten von Gen 22 dürfte nach Lage der Dinge so vor sich gegangen sein, daß die Auslöseschicht in die Wallfahrtsschicht eingedrungen ist. Dadurch wurde die Wallfahrtsstätte zugleich zur Opferstätte. Und zur engeren Verbindung der beiden Schichten wurde der »Knabe«, der der Auslöseschicht angehört, schon in V. 5 eingeführt. Denn wenn die beiden Schichten zu einer Einheit wurden, dann ist es nur natürlich, daß der Knabe auch schon den Anreiseweg mitgemacht, sich dann aber mit seinem Vater von den Knechten getrennt hat. All das wird durch die Einführung des Jungen in V. 5 auf die denkbar einfachste Weise erreicht.[118]

Nimmt man einmal rein hypothetisch an, die Grundtradition von Gen 22 bestehe aus zwei Schichten oder gar Traditionen, dann stellt sich allerdings die Frage: Wie ist es überhaupt dazu gekommen, daß die beiden Schichten miteinander verbunden wurden bzw. zusammengewachsen sind? Daß diese Frage nur mit Vermutungen beantwortet werden kann, dürfte sich angesichts der Textverhältnisse fast von selbst verstehen. Diese Vereinigung könnte unter Umständen damit zusammenhängen, daß an derselben heiligen Stätte einerseits ein reiner Gebetskult, andererseits ein ganz bestimmter Opferkult der Gottheit *'el jir'āē* dargebracht wurde, wobei zuzeiten — etwa zu bestimmten Festzeiten oder aus bestimmten Anlässen — der eine, dann der andere Kult mehr geübt worden wäre. So hätte die eine heilige Stätte durchaus zwei verschiedene Bräuche und damit auch zwei verschiedene Traditionen haben können. Ebenso möglich ist die Annahme, daß bei ursprünglich verschiedenen Kultstätten diese räumlich nicht allzu weit voneinander entfernt waren und so ihre je verschiedenen Bräuche und/oder Traditionen später zusammenfallen konnten.

Wie die bisherigen Ausführungen gezeigt haben, kann man zwar hypothetisch vermuten, die eine Erzählung der Grundtradition von Gen 22 sei aus zwei ursprünglich selbständigen Traditionen zusammengewachsen. Ob der Geschlossenheit der Gesamterzählung hat jedoch die Annahme, daß dieser Erzählung keine zwei ursprünglich eigenständige Traditionen zugrunde liegen, die weitaus größere Wahrscheinlichkeit für sich. Dies nicht zuletzt deshalb,

---

[118] Wie sekundäre Einschübe mitunter schon vorher vorbereitet werden, zeigt u. a. Gen 18,6. Siehe dazu Kilian, Abrahamsüberlierungen 100-111.158-160.

weil die Wallfahrtsschicht, losgelöst von der Auslöseschicht, weder eine Verwicklung noch eine Spannung birgt, jedenfalls soweit sie uns erhalten ist. Da die Grundtradition aber — wie sich ebenfalls gezeigt hat — motivmäßig keine Einheit ist, muß man sie als eine aus verschiedenen Motiven zusammengewachsene bzw. aufgebaute Erzählung bestimmen. Darin stimmt diese Erzählung mit vielen anderen Traditionen überein. Denn schon H. Gunkel hat festgestellt: »Fast immer liegen verschiedene Sagenmotive in den Sagen vereinigt und zu den mannigfaltigsten Mischungen verbunden vor.«[119] Und für 22,14a ist von besonderer Bedeutung, was H. Gunkel anschließend ausführt: »Besonders die etymologischen Motive treten in den älteren Erzählungen der Genesis niemals selbständig auf, sondern werden nur für Nebenzüge verwandt; wo sie überwiegen oder gar die ganze Erzählung ausfüllen, liegen spätere Erzähler-Erfindungen vor«[120].

Die ganzheitliche Erzählung der Grundtradition von Gen 22 weist folgende Motive auf: 1. ein Wallfahrtsmotiv, 2. ein kultätiologisches Motiv, nämlich das Auslösemotiv, 3. ein etymologisches Motiv. Dieses etymologische Motiv, das in V. 14a vorliegt, birgt zwar keine entfaltete Etymologie und könnte so unter Umständen auch einfach als Namensätiologie bestimmt werden, doch da man *r'h* (= »sehen«) (VV. 4.13.14a) — wenn vielleicht auch in abgeschwächtem Sinne — als Leitwort verstehen kann[121] und da auch der nachelohistische Redaktor V. 14 als etymologische Ätiologie aufgefaßt hat, dürfte es durchaus legitim sein, in V. 14a eine ätiologische Namengebung mit etymologischen Charakter zu erblicken.

Wenn die Grundtradition auch drei verschiedene Motive aufweist, so muß sie als Ganzes doch als kultätiologische Erzählung bestimmt werden, wie oben schon aufgezeigt wurde, weil sich, aufs Ganze gesehen, die Linie der Ätiologie mit der Linie der Erzählung deckt. Die Einheit der Erzählung wurde dadurch erreicht, daß das Wallfahrtsmotiv in das Auslösemotiv einbezogen wurde bzw. das Auslösemotiv, das als solches noch keine Erzählung ist, mit Hilfe des Wallfahrtsmotivs zur Erzählung ausgestaltet wurde.

---

119 Gunkel, Genesis XXV.

120 Gunkel, Genesis XXV.

121 Der Elohist selbst scheint es so verstanden zu haben, wenn er es in V. 8 und abgewandelt in V. 12b wieder aufgreift.

Daß das Auslösemotiv bei diesem Prozeß dominierte und es so zu einer Kultätiologie kam, dürfte sich u. a. auch daraus ergeben, daß der dem Auslösemotiv zugehörige »Knabe« in V. 5 in das Wallfahrtsmotiv eingedrungen ist und so das Wallfahrtsmotiv auf das Auslösemotiv hingeordnet wurde. Das Wallfahrtsmotiv verlor auf diese Weise seine Eigenständigkeit und wurde zum Auftakt und zur Hinführung auf das Auslösemotiv. Die Annahme zweier Hauptmotive erklärt im übrigen genausogut wie die kaum haltbare Annahme zweier Traditionen, warum der Knabe — von V. 5 abgesehen — im ersten Teil der Erzählung nicht erwähnt wird und erklärt zugleich auch das zweifache und bedeutungsverschiedene Vorkommen von *nă'ăr* (= »Knecht«; »Knabe«) in V. 5. — Das etymologische Motiv von V. 14a ist eindeutig ein Nebenmotiv, das nie selbständig war und erzählerisch die Erzählung ausklingen läßt.

Wenn in der Grundtradition von Gen 22 so aber zwei bzw. drei verschiedene Motive vorliegen, dann könnte man unter Umständen für die Stätte *'el jir'ăē* folgern, daß an ihr einst tatsächlich nur Substitutionsopfer dargebracht wurden.[122] Daß man zu dieser Stätte und zu diesem Opfer in einer dreitägigen Wallfahrt hingezogen ist, könnte ein rein erzählerisches Motiv sein und mit den zu *'el jir'ăē* geübten Kultriten nichts zu tun haben. Diese zwar mögliche Schlußfolgerung ist jedoch keineswegs zwingend. Denn die Tatsache, daß in der Grundtradition erzählerisch zwei bzw. drei Motive erscheinen, besagt nicht eo ipso, daß zu *'el jir'ăē* notwendig nur eines der beiden Hauptmotive seinen historischen Haftpunkt hatte. Beide können im dortigen Kultbrauch verwurzelt sein, und so könnte tatsächlich trotz der Zweimotivigkeit ein einziger Fest- oder Opferbrauch durchscheinen. Aber selbst wenn das Wallfahrtsmotiv nur aus erzählerischen Gründen mit dem Auslösemotiv verbunden wurde bzw. zusammengewachsen ist, so konnte das doch wohl nur deshalb geschehen, weil in der Gegend, in der diese Kultätiologie entstanden ist und tradiert wurde, Wallfahrten, sogar dreitägige Wallfahrten, zu einem oder mehreren Heiligtümern bekannt waren.

---

122 Die Frage, ob dort einst auch wirkliche Menschen-(Kinder-)Opfer dargebracht wurden, kann hier außer acht gelassen werden. Siehe dazu oben S. 104, wo diese Frage bereits erörtert wurde.

7. Kultätiologische Erzählung — Erzählung von der Rettung des zum Opfer bestimmten Sohnes

Wiederholt wurde schon die Frage aufgeworfen, ob eine ältere, vorelohistische Gestalt von Gen 22 nicht eine Erzählung von der ›Rettung des zum Opfer bestimmten Sohnes‹ war. Dazu kann nun nach der Erarbeitung und Klärung der mutmaßlichen Grundtradition ausgeführt werden:

Was sich, vom elohistischen Text ausgehend, als älteste Tradition erarbeiten ließ, ist keine Erzählung von der ›Rettung des Sohnes‹, sondern muß als kultätiologische Erzählung bestimmt werden. Dafür spricht nicht nur, daß sich in dieser Tradition die Linie der Erzählung mit jener der Ätiologie deckt, sondern vor allem auch das ätiologische Auslösemotiv als solches, das sich in dieser Akzentuierung nur sehr schwer in einer Erzählung, die rein auf die Rettung des zum Opfer bestimmten Sohnes abgezweckt wäre, erklären ließe. Desgleichen spricht für den kultätiologischen Charakter die ursprüngliche Ortsgebundenheit an ein ganz bestimmtes, mit Namen genanntes Heiligtum sowie der direkte Bezug zu einem ganz bestimmten Opferritus.

So sehr der kultätiologische Charakter der ursprünglichen Erzählung festzuhalten ist, so muß andererseits doch zugestanden werden, daß in späterer Zeit diese Tradition auch anders verstanden werden konnte. Ja, man mußte sie wohl sogar zu der Zeit anders verstehen, als sich diese Erzählung von ihrem ursprünglichen Haftpunkt zu lösen begann. Denn zusammen mit diesem Loslöseprozeß dürfte auch das direkte Interesse am Auslöseopfer, wie es zu *'el jir'āē* praktiziert bzw. wie dort die üblichen Tieropfer verstanden wurden, dahingeschwunden sein. Und daß sich die Tradition von ihrem einstigen Haftpunkt gelöst hat, steht außer Zweifel, weil ja später der Kultort *'el jir'āē* und vielleicht auch sein genauer Name gar nicht mehr bekannt waren. Daß die Erzählung als solche nicht in Vergessenheit geriet, obwohl doch die Kultstätte selbst vergessen wurde, dürfte mit den erzählerischen Qualitäten der Tradition zusammenhängen. Denn sie ist erzählerisch so dankbar, daß sie sich auch losgelöst von ihrem einstigen Haftpunkt noch großer Beliebtheit erfreuen konnte. Freilich muß dann notgedrungen auch eine Interessenverlagerung vor sich gegangen sein. Von ihrem ursprünglichen Sitz im Leben losgelöst, konnte jetzt nicht mehr die ätiologische Frage nach einem bestimmten Opferbrauch an einer bestimmten Stätte im Mittelpunkt stehen, sondern nur noch das allgemein menschliche Interesse am Schicksal des unschuldigen Kindes und vielleicht auch noch am Schicksal des Vaters.

Hat die alte Erzählung diese Wandlung durchgemacht, und gegen eine solche Entwicklung kann nicht viel vorgebracht werden, dann kann sie danach allerdings nicht mehr als Kultätiologie, sondern muß in der Tat als Erzählung von der ›Rettung des zum Opfer bestimmten Sohnes‹ angesehen werden. Denn mit der Veränderung der Fragestellung und der Akzentuierung mußte sich auch der Charakter der ganzen Erzählung ändern, selbst wenn sie in stofflicher Hinsicht nur wenig oder unter Umständen zunächst gar nicht verändert worden wäre.

Freilich ist bei alledem festzuhalten, daß diese Umfunktionierung der einstigen Kultätiologie nur postuliert werden kann, wenn auch mit beachtlichen Argumenten. Es läßt sich nämlich vom heutigen Textbestand aus keine eigene Schicht — und wären es nur wenige Zusätze oder Veränderungen — ausmachen, die zwischen der Kultätiologie und der elohistischen Versuchungserzählung anzusetzen wäre. Doch kann daraus nicht gefolgert werden, es hätte niemals die Erzählung von der ›Rettung des zum Opfer bestimmten Sohnes‹ gegeben. Denn wie schon erwähnt wurde,[123] ist durchaus mit der Möglichkeit zu rechnen, daß manchen elohistischen Formulierungen materialiter eine ältere Vorlage zugrunde liegen kann, die E dann seiner Fassung integriert hat. So ist durchaus mit der Möglichkeit zu rechnen, daß die vom Elohisten aufgegriffene Tradition bereits keine Kultätiologie mehr war, sondern eine allgemein interessierende Familiengeschichte. Dafür würde vor allem sprechen, daß zu dieser Zeit bereits die genaue Lage und der Name des Kultortes nicht mehr bekannt waren. Im übrigen ist noch einmal zu betonen, daß eine Umfunktionierung der einstigen Kultätiologie auch ohne eigene Textbasis sinnvoll postuliert werden kann, ja vielleicht sogar muß, nämlich dann, wenn mit einer Verlagerung der Fragestellung und des Interesses zu rechnen ist. Und das scheint hier doch in der Tat der Fall zu sein.

Eine andere Frage in diesem Zusammenhang ist die, ob die Grundtradition, als sie von der Überlieferungsgestalt Abraham absor-

---

[123] Siehe dazu oben IV,1.

biert wurde, bereits die Erzählung von der ›Rettung des zum Opfer bestimmten Sohnes‹ oder noch die reine Kultätiologie war. Diese Frage kann heute schlechterdings nicht mehr entschieden werden. Doch ist als absolut sicher anzunehmen, daß spätestens zu jenem Zeitpunkt, als die Grundtradition zu einer gesamtisraelitischen Erzählung wurde, ihr kultätiologischer Charakter verlorenging. Denn Gesamtisrael konnte zwar an einer Vätergeschichte, nicht jedoch an einer Kultätiologie eines unbekannten Ortes im Negeb ein Interesse haben. Ob das jedoch auch schon bei der frühesten Adaptierung der Tradition auf Abraham der Fall war, ist unsicher. Hier kann nämlich auch noch mit der Möglichkeit gerechnet werden, daß der Stamm oder eine Sippe der Abrahamsleute die Kultätiologie als Lokaltradition in der Gegend ihres ursprünglichen Haftpunktes angetroffen und sie in der Auseinandersetzung mit dem Vorgefundenen auf die Weise vereinnahmt hat, daß der Vater der Erzählung zu Abraham geworden ist. War die Lokaltradition damals noch Kultätiologie, dann dürfte sie zunächst auch noch als Kultätiologie verstanden worden sein, weil die erste Adaptionsstufe dann Interesse daran haben mußte, Abraham als den eigentlichen Initiator des (neuen) Kultbrauches von *'el jir'āē* auszuweisen. War die Grundtradition zur Zeit der Adaptierung auf Abraham jedoch bereits von ihrem eigentlichen Haftpunkt gelöst und nur mehr eine allenthalben beliebte Erzählung jener Gegend, in der sie von den Abrahamsleuten angetroffen wurde, dann dürfte sie auch damals schon einfach eine allgemein interessierende Erzählung von der ›Rettung des zum Opfer bestimmten Sohnes‹ gewesen sein.

V. ZUSAMMENFASSUNG DER ÜBERLIEFERUNGSGESCHICHTLICHEN ENTWICKLUNG VON GEN 22

Im Anschluß an die Auslegung der E-Erzählung wurde auf Grund des auch noch in der elohistischen Version erhaltenen ätiologischen Motivs die Vermutung geäußert, daß die Grundtradition von Gen 22 ursprünglich keine Erzählung von der ›Rettung des zum Opfer bestimmten Sohnes‹ war, sondern eine Kultätiologie.[1] Die weitere Untersuchung des Materials, die eben durch das E an sich fremde ätiologische Moment ausgelöst wurde, hat diese Vermutung bestätigt. Kurz zusammengefaßt haben wir mit folgenden überlieferungsgeschichtlichen Stadien zu rechnen:

1. Die älteste, noch eruierbare Traditionsstufe war einst eine kultätiologische Erzählung, die erzählerisch aus zwei bzw. drei Motiven bestand, aus einem Wallfahrts- und einem Auslösemotiv sowie einer etymologischen Namengebung. Doch dominierte das ätiologische Motiv.
2. Diese Kultätiologie — so darf postuliert werden — löste sich mit der Zeit von ihrem ursprünglichen Haftpunkt und wurde zur allgemein interessierenden Erzählung von der ›Rettung des zum Opfer bestimmten Sohnes‹.
3. In einem dritten Stadium wurde die von den Abrahamsleuten vorgefundene Tradition der Abrahamsgestalt adaptiert und konnte dann so mit der Zeit in die Vätertraditionen aufgenommen werden. Fraglich bleibt, ob Abraham bereits in die Kultätiologie eingedrungen ist und der Wandlungsprozeß zur Erzählung von der ›Rettung des zum Opfer bestimmten Sohnes‹ sich so schon unter israelitischem Vorzeichen vollzogen hat oder ob Abraham erst in die bereits veränderte, zur Familiengeschichte gewordene Tradition Eingang gefunden hat.
4. Die Abraham adaptierte und zur Familiengeschichte gewordene Tradition wurde als Teil der Vätertraditionen in Israel weiterüberliefert. Der Elohist griff sie auf und gestaltete sie zu einer theologischen Versuchungsgeschichte mit paradigmatischem Charakter um.

---

[1] Siehe dazu oben III,4.

5. Der nachelohistische Redaktor lokalisierte die E-Geschichte schließlich aufs neue, indem er den Jerusalemer Tempelberg als Ort des Isaakopfers ausgab und die Gedanken von Verdienst und Lohn einführte. In dieser Gestalt ist uns die Erzählung im Masoratext überliefert!

LITERATURVERZEICHNIS

Alonso-Schökel L., Erzählkunst im Buche der Richter: Bb 42 (1961) 143-172.

Arenhoevel D., Gen 22,1-2.9a.10-13.15-18, in: Die alttestamentlichen Lesungen der Sonn- und Festtage. Auslegung und Verkündigung, Lesejahr B I, hrsg. v. J. Schreiner, Würzburg 1969, 147-154.

Bardtke H., Bibel, Spaten und Geschichte, Göttingen 1969.

Baumgartner W., Israelitisch-Griechische Sagenbeziehungen, in: Baumgartner, Zum Alten Testament und seiner Umwelt, Leiden 1959, 147-178 (= Schweizerisches Archiv für Volkskunde 41 [1944] 1-29).

Becker J., Gottesfurcht im Alten Testament (Analecta Biblica 25) Rom 1965.

Cazelles H., Der Gott der Patriarchen: Bibel und Leben 2 (1961) 39-49.

— Pentateuque, in: DBS VII (Fasc. 38 s., 1963 s.) 687-858.

Dommershausen W., Die Estherrolle. Stil und Ziel einer alttestamentlichen Schrift (Stuttgarter Biblische Monographien 6) Stuttgart 1968.

Eichrodt W., Theologie des Alten Testaments I, Stuttgart-Göttingen ^{7}1962.

Eißfeldt O., Der kanaanäische El als Geber der den israelitischen Erzvätern geltenden Nachkommenschaft- und Landbesitz-Verheißungen: Wiss. Z. Univ. Halle XII (1968) Gesellschafts- u. Sprachwissenschaftl. Reihe Heft 2/3 = Studia Orientalia in memoriam Caroli Brockelmann 45-53.

— Die neueste Phase in der Entwicklung der Pentateuchkritik: ThRs 18 (1950) 91-112.179-215.267-287.

— Einleitung in das Alte Testament, Tübingen ^{3}1964.

— Hexateuch-Synopse. Die Erzählung der fünf Bücher Mose und des Buches Josua mit dem Anfange des Richterbuches, Darmstadt ^{2}1962 (= Leipzig ^{1}1922).

Elliger K., Der Jakobskampf am Jabbok. Gen 32,23ff als hermeneutisches Problem, in: Elliger, Kleine Schriften zum Alten Testament (ThB 32) München 1966, 141-173 (= ZThK 48 [1951] 1-31).

Fichtner J., Die etymologische Ätiologie in den Namengebungen der geschichtlichen Bücher des Alten Testaments: VT 6 (1956) 372-396.

Fohrer G., Überlieferung und Geschichte des Exodus. Eine Analyse von Ex 1-15 (BZAW 91) Berlin 1964.

Fohrer G.-Sellin E., Einleitung in das Alte Testament, Heidelberg ^{11}1969.

George A., Le sacrifice d'Abraham. Essai sur les diverses intentions de ses narrateurs, in: Etudes de Critique et d'Histoire Religieuses. Bibliothèque de la Faculté Catholique de Théologie de Lyon 2 (1948) 99-110.

Gesenius W.-Kautzsch E., Hebräische Grammatik, Leipzig ^{28}1909.

Gillischewski E., Zur Literarkritik von Gen 18 und 19: ZAW 41 (1923) 76-83.

Greßmann H., Mose und seine Zeit. Ein Kommentar zu den Mose-Sagen, Göttingen 1913.

Gunkel H., Genesis (Göttinger Handkommentar zum AT I,1) Göttingen ^{6}1964 (= $^{3/4/5}$1910-22).

Henninger J., Menschenopfer bei den Arabern: Anthropos 53 (1958) 721-805.
Herrmann S., Israels Aufenthalt in Ägypten (SBS 40) Stuttgart 1970.
Humbert P., Die neuere Genesis-Forschung: ThRs 6 (1934) 147-160. 207-228.
Kaiser O., Die mythische Bedeutung des Meeres in Ägypten, Ugarit und Israel (BZAW 78) Berlin ²1962.
— Einleitung in das Alte Testament. Eine Einführung in ihre Ergebnisse und Probleme, Gütersloh 1969.
Kilian R., Die Totenerweckungen Elias und Elisas — eine Motivwanderung?: BZ NF 10 (1966) 44-56.
— Die vorpriesterlichen Abrahamsüberlieferungen literarkritisch und traditionsgeschichtlich untersucht (Bonner Bibl. Beiträge 24) Bonn 1966.
— Gen 22,1-18, in: Die alttestamentlichen Lesungen der Sonn- und Festtage. Auslegung und Verkündigung, Lesejahr B II, hrsg. v. J. Schreiner, Würzburg 1970, 65-76.
— Zur Überlieferungsgeschichte Lots: BZ NF 14 (1970) 23-37.
Köhler L., Theologie des Alten Testaments, Tübingen ⁴1966.
Köhler L.-Baumgartner W., Lexicon in Veteris Testamenti Libros, Leiden ²1958.
Lehmann K., Auferweckt am dritten Tag nach der Schrift (Quaestiones Disputatae 38) Freiburg-Basel-Wien ²1969.
Lerch D., Isaaks Opferung christlich gedeutet. Eine auslegungsgeschichtliche Untersuchung (Beiträge zur Historischen Theologie 12) Tübingen 1950.
Long B. O., The Problem of Etiological Narrative in the Old Testament (BZAW 108) Berlin 1968.
Noth M., Das zweite Buch Mose. Exodus (Das Alte Testament Deutsch 5) Göttingen ²1961.
— Überlieferungsgeschichte des Pentateuch, Darmstadt ²1960 (= Stuttgart ¹1948).
Olrik A., Epische Gesetze der Volksdichtung: Zeitschrift f. deutsches Altertum und deutsche Litteratur 51 (1909) 1-12.
Procksch O., Die Genesis (Kommentar zum AT I) Leipzig-Erlangen ³1924.
von Rad G., Das erste Buch Mose. Genesis (Das Alte Testament Deutsch 2/4) Göttingen ⁵1958.
Rendtorff R., Studien zur Geschichte des Opfers im Alten Israel (Wissenschaftl. Monographien zum Alten und Neuen Testament 24) Neukirchen-Vluyn 1967.
Reventlow H. Graf, Opfere deinen Sohn. Eine Auslegung von Genesis 22 (Biblische Studien 53) Neukirchen-Vluyn 1968.
Richter W., Traditionsgeschichtliche Untersuchungen zum Richterbuch (Bonner Bibl. Beiträge 18) Bonn 1963.
Rost L., Die Gottesverehrung der Patriarchen im Lichte der Pentateuchquellen (Supplements to Vetus Testamentum 7) Leiden 1960, 346-359.
Rudolph W., Chronikbücher (Handbuch zum AT 21) Tübingen 1955.
Ruppert L., Synoptische Übersicht über die drei großen Erzählungsfäden des Hexateuch J, E und P (Gen 1 - Ri 1, außer Dt 1-30), in: Wort

und Botschaft. Eine theologische und kritische Einführung in die Probleme des AT, hrsg. v. J. Schreiner, Würzburg 1967, 382-388.
Schmid H., Mose. Überlieferung und Geschichte (BZAW 110) Berlin 1968.
Schmitt G., Der Landtag von Sichem (Arbeiten zur Theologie I,15) Stuttgart 1964.
Seebass H., Der Erzvater Israel und die Einführung der Jahweverehrung in Kanaan (BZAW 98) Berlin 1966.
Sellin E.-Rost L., Einleitung in das Alte Testament, Heidelberg ^{8}1950, ^{9}1959.
Simpson C. A., The Early Traditions of Israel. A Critical Analysis of the Predeuteronomic Narrative of the Hexateuch, Oxford 1948.
Skinner J., A Critical and Exegetical Commentary on Genesis (The International Critical Commentary of the Holy Scriptures of the Old and New Testament) Edinburgh ^{2}1930.
Smith W. R., Lectures on the Religion of the Semites, London ^{3}1927.
de Vaux R., Das Alte Testament und seine Lebensordnungen II. Heer und Kriegswesen, die religiösen Lebensordnungen, Freiburg-Basel-Wien 1962.
— Die hebräischen Patriarchen und die modernen Entdeckungen, Düsseldorf 1959.
— Die Patriarchenerzählungen und die Geschichte (SBS 3) Stuttgart ^{2}1968.
— La Genèse (La Sainte Bible de Jérusalem I,1) Paris ^{2}1962.
— Les Sacrifices de l'Ancien Testament (Les Cahiers de la Revue Biblique 1) Paris 1964.
Volz P.-Rudolph W., Der Elohist als Erzähler. Ein Irrweg der Pentateuchkritik? An der Genesis erläutert (BZAW 63) Gießen 1933.
Weidmann H., Die Patriarchen und ihre Religion im Licht der Forschung seit Julius Wellhausen (FRLANT 94) Göttingen 1968.
Weippert M., Die Landnahme der israelitischen Stämme in der neueren wissenschaftlichen Diskussion. Ein kritischer Bericht (FRLANT 92) Göttingen 1967.
Weiser A., Einleitung in das Alte Testament, Göttingen ^{5}1963.
Wellhausen J., Die Composition des Hexateuchs und der historischen Bücher des Alten Testaments, Berlin ^{4}1963.
Westermann C., Arten der Erzählung in der Genesis, in: Westermann, Forschung am Alten Testament (ThB 24) München 1964, 9-91.